하루 5분 국민 영어과외
김영철·타일러의
진짜 미국식 영어 2

하루 5분 국민 영어과외

김영철 · 타일러의 2 진짜 미국식 영어

김영철, 타일러 지음

위즈덤하우스

시작하며

같은 제목으로 2탄이 나온다? 그럼 바로 생각하게 되죠. '내가 잘하고 있는 거지?' '이 책을 사람들이 좋아하는 거 맞지?'

'진짜 미국식 영어'를 진행할 때마다 '타일러를 안 만났으면 어떻게 됐을까?' 상상해보곤 하는데요. 생각만 해도 아찔하죠? 그만큼 타일러는 〈김영철의 파워FM〉에도, 또 저에게도 없어서는 안 될 존재가 된 것 같아요.

《김영철·타일러의 진짜 미국식 영어》 2탄의 표현들을 정리하면서, 1탄에 비해 제 실력이 조금은 향상된 걸 느꼈습니다. 저 스스로 그 변화를 느낄 수 있을 정도니 정말 엄청난 거죠? 그 느낌과 뿌듯함, 여러분과 함께 누리고 싶네요.

진·미·영만의 탄탄한 구성, 신기할 정도로 쉬운 타일러의 영어 표현! 이번에도 함께해주세요. 어렵지 않아요. 진·미·영으로 진짜 쉽고 재미있게 영어 공부하세요!

먹는 만큼 살이 찌는 거, 아시죠? 잠은 자면 잘수록 늘어요. 영어는 어떻겠어요! 제가 10년 넘게 영어 공부를 해본 결과, 한 만큼 결실을 맺는 것도 영어인 거 같아요.

운동을 해서 다이어트에 성공해본 사람들, 금연에 성공한 사람들 혹은 정말 좋아하는 이성에게 나를 어필해 연애에 성공했던 사람들이라면 그 느낌을 아시잖아요. 성공의 기쁨과 설렘을 영어에서도 느껴보세요.

물론 성공으로 가는 길은 본인의 몫이고, 잘 찾아야 그 길이 보이겠지만 어쩌면 진·미·영이 그 길을 안내해줄지 모릅니다. 다른 건 몰라도 영어와 친해질 기회, 벌써 《김영철·타일러의 진짜 미국식 영어》 2탄으로 두 번째 기회가 주어졌다는 건 자신 있게 말할 수 있어요. 그 기회, 놓치지 마세요.

끝으로 1권에서는 '타일러'로 삼행시를 남겼었는데 이번엔 '진미영' 삼행시를 시도해볼까요?

진! 진짜~~~~
미! 미친 거 아녜요 이거??
영! 영어 맞나요?? 넘 쉽잖여!!

김영철

외국어를 배우면 말만 배우는 것은 아니에요. '글도 배운다?' 이 얘기도 아니죠. 다른 나라의 말을 배우면 그 나라의 문화를 넘어, 그 나라 사람들이 생각하는 방식을 통해서 세상을 다시 보게 됩니다. 저에게 한국어를 배우는 것은 그런 경험이었어요. 언어를 배우긴 했지만, 동시에 새로운 사고방식을 접하게 되면서, 저의 그릇이 전보다 조금씩 커지고 넓어지는 느낌이었어요. 이제 반대로 그 경험을, 〈진짜 미국식 영어〉를 통해 한국 분들과 나눌 수 있게 됐다는 게 저에게는 정말 뜻깊은 일입니다.

〈진짜 미국식 영어〉로 함께 영어에 대한 이야기를 나누면서, 영철 형은 영어에 대한 감이 점점 더 빨리 잡히기 시작했어요. 처음 시작했을 때보다 영어의 어투나 흐름, 논리까지 파악하는 형의 모습을 볼 때마다 저는 보람을 느껴요. 그리고 여러분들도 함께하면서 같은 경험을 나누고 있다고 생각하면 무척 기쁘고 뿌듯합니다.

앞으로도 〈진짜 미국식 영어〉와 함께하면서, 제가 한국어를 배웠을 때 느꼈던 것처럼 여러분도 영어에 대한 마음과 그릇을 키워나갔으면 좋겠습니다. 여러분의 진짜 미국식 영어 공부를 응원합니다.

타일러

하루 5분,
'본격 네이티브'로 거듭나는 법

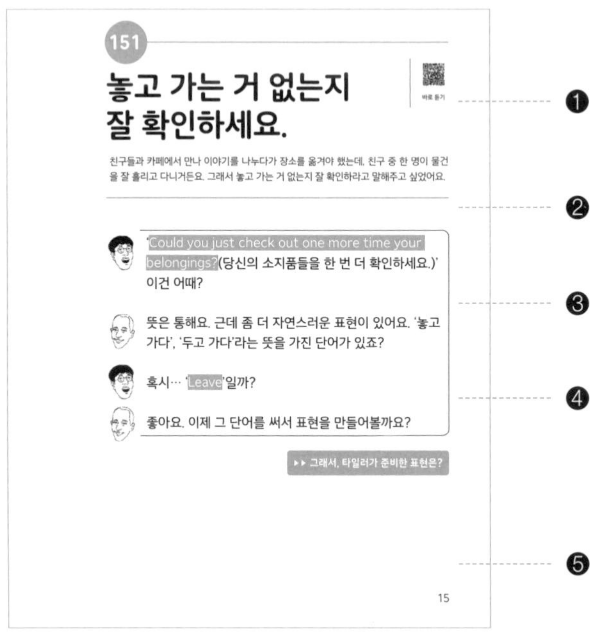

151

놓고 가는 거 없는지 잘 확인하세요.

바로 듣기

친구들과 카페에서 만나 이야기를 나누다가 장소를 옮겨야 했는데, 친구 중 한 명이 물건을 잘 흘리고 다니거든요. 그래서 놓고 가는 거 없는지 잘 확인하라고 말해주고 싶었어요.

'Could you just check out one more time your belongings?(당신의 소지품들을 한 번 더 확인하세요.)' 이건 어때?

뜻은 통해요. 근데 좀 더 자연스러운 표현이 있어요. '놓고 가다', '두고 가다'라는 뜻을 가진 단어가 있죠?

혹시… 'Leave'일까?

좋아요. 이제 그 단어를 써서 표현을 만들어볼까요?

▸▸ 그래서, 타일러가 준비한 표현은?

15

❶ QR코드를 찍으면 각 회에 해당하는 방송을 바로 들을 수 있습니다!

❷ 영어로 표현해야 하는 순간 꿀 먹은 벙어리가 되고 말았던 시간들은 이제 안녕!
진짜 미국식 영어가 절실하게 필요했던 상황들만 쏙쏙 골라 담았습니다!

❸ 김영철의 다양한 영어 표현 시도들을 보면서 머릿속으로 '나라면 뭐라고 얘기할까?' 생각해보세요!

❹ 김영철이 시도한 표현들이 현지인들에게는 왜 안 통하는지
타일러가 명쾌하게 짚어줍니다!

❺ 잠깐! 페이지를 넘기기 전에 다시 한 번 머릿속으로 진짜 미국식 표현은 무엇일지 생각해보세요!

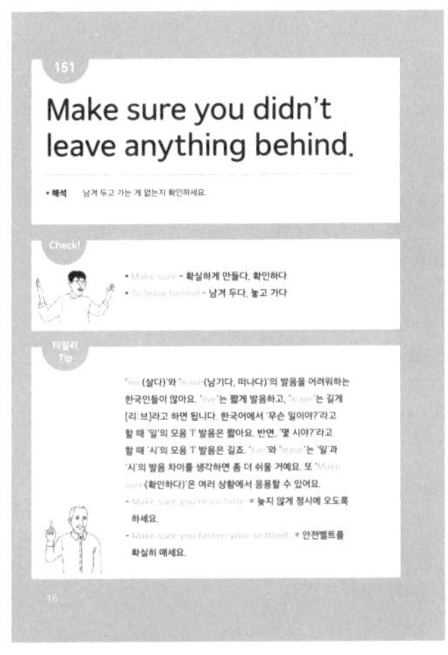

151

Make sure you didn't leave anything behind.

• 해석 남겨 두고 가는 게 없는지 확인하세요.

Check!

• Make sure - 확실하게 만들다, 확인하다
• To leave behind - 남겨 두다, 놓고 가다

타일러 Tip

'live(살다)'와 'leave(남기다, 떠나다)'의 발음을 어려워하는 한국인들이 많아요. 'live'는 짧게 발음하고, 'leave'는 길게 [리:브]라고 하면 됩니다. 한국어에서 '무슨 일이야?'라고 할 때 '일'의 모음 'ㅣ' 발음은 짧아요. 반면, '몇 시야?'라고 할 때 '시'의 모음 'ㅣ' 발음은 길죠. 'live'와 'leave'는 '일'과 '시'의 발음 차이를 생각하면 좀 더 쉬울 거예요. 또 'Make sure(확인하다)'은 여러 상황에서 응용할 수 있어요.

- Make sure you're on time. = 늦지 않게 정시에 오도록 하세요.
- Make sure you fasten your seatbelt. = 안전벨트를 확실히 매세요.

16

❻

❼

❽

❻ 타일러가 알려주는 현지인들이 매일같이 쓰는 찰진 영어 표현! 사연 속 상황이 언제 우리에게 벌어질지 모르니 각 상황에 쓰이는 진짜 미국식 표현, 꼭 기억해두세요!

❼ 핵심 단어, 핵심 표현, 외워두면 좋겠죠?

❽ 정확한 표현보다 더 자연스러운 비유나 관용구, 미국인과의 대화에서 쓰지 말아야 할 단어, 문법에는 맞지 않지만 미국인들이 많이 쓰는 생략법, SNS에 어울리는 표현, 줄임말, 느낌이 달라지는 한 끗 차이 억양까지, 각 회마다 타일러가 전해주는 Tip만 익혀도 더 이상 원어민이 두렵지 않습니다!

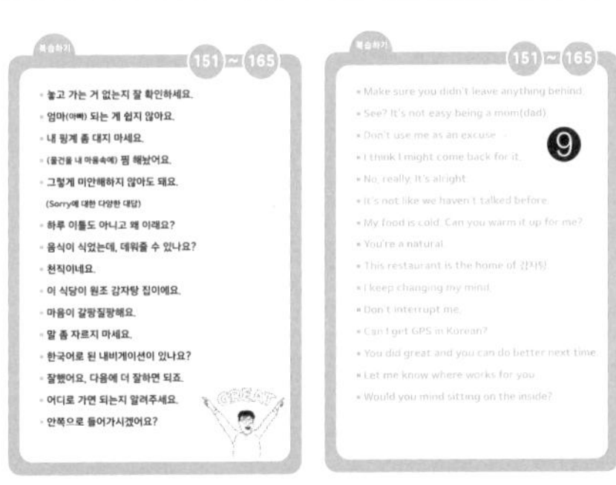

복습하기 151 ~ 165

- 놓고 가는 거 없는지 잘 확인하세요.
- 엄마(아빠) 되는 게 쉽지 않아요.
- 내 핑계 좀 대지 마세요.
- (물건을 내 마음속에) 찜 해놨어요.
- 그렇게 미안해하지 않아도 돼요. (Sorry에 대한 다양한 대답)
- 하루 이틀도 아니고 왜 이래요?
- 음식이 식었는데, 데워줄 수 있나요?
- 천직이네요.
- 이 식당이 원조 감자탕 집이에요.
- 마음이 갈팡질팡해요.
- 말 좀 자르지 마세요.
- 한국어로 된 내비게이션이 있나요?
- 잘했어요, 다음에 더 잘하면 되죠.
- 어디로 가면 되는지 알려주세요.
- 안쪽으로 들어가시겠어요?

복습하기 151 ~ 165

- Make sure you didn't leave anything behind.
- See? It's not easy being a mom(dad).
- Don't use me as an excuse.
- I think I might come back for it.
- No, really. It's alright.
- It's not like we haven't talked before.
- My food is cold. Can you warm it up for me?
- You're a natural.
- This restaurant is the home of 감자탕.
- I keep changing my mind.
- Don't interrupt me.
- Can I get GPS in Korean?
- You did great and you can do better next time.
- Let me know where works for you.
- Would you mind sitting on the inside?

❾

❾ 15회마다 복습하기 페이지가 있으니 잊지 말고 머리에 꼭꼭 담아두세요!

※ 위즈덤하우스 홈페이지에서 MP3 파일을 무료로 다운받을 수 있습니다!
www.wisdomhouse.co.kr (다운로드>도서 자료실)

하루 5분 진짜 미국식 영어를 배우는 시간, 지금부터 시작해볼까요?

차례

151

놓고 가는 거 없는지 잘 확인하세요.

바로 듣기

친구들과 카페에서 만나 이야기를 나누다가 장소를 옮겨야 했는데, 친구 중 한 명이 물건을 잘 흘리고 다니거든요. 그래서 놓고 가는 거 없는지 잘 확인하라고 말해주고 싶었어요.

'Could you just check out one more time your belongings?(당신의 소지품들을 한 번 더 확인하세요.)' 이건 어때?

뜻은 통해요. 근데 좀 더 자연스러운 표현이 있어요. '놓고 가다', '두고 가다'라는 뜻을 가진 단어가 있죠?

혹시… 'Leave'일까?

좋아요. 이제 그 단어를 써서 표현을 만들어볼까요?

▶▶ 그래서, 타일러가 준비한 표현은?

151

Make sure you didn't leave anything behind.

* **해석** 남겨 두고 가는 게 없는지 확인하세요.

Check!

* Make sure - 확실하게 만들다, 확인하다
* To leave behind - 남겨 두다, 놓고 가다

타일러 Tip

'live(살다)'와 'leave(남기다, 떠나다)'의 발음을 어려워하는 한국인들이 많아요. 'live'는 짧게 발음하고, 'leave'는 길게 [리:브]라고 하면 됩니다. 한국어에서 '무슨 일이야?'라고 할 때 '일'의 모음 'ㅣ' 발음은 짧아요. 반면, '몇 시야?'라고 할 때 '시'의 모음 'ㅣ' 발음은 길죠. 'live'와 'leave'는 '일'과 '시'의 발음 차이를 생각하면 좀 더 쉬울 거예요. 또 'Make sure(확인하다)'은 여러 상황에서 응용할 수 있어요.

- Make sure you're on time. = 늦지 않게 정시에 오도록 하세요.
- Make sure you fasten your seatbelt. = 안전벨트를 확실히 매세요.

152

엄마(아빠) 되는 게 쉽지 않아요.

바로 듣기

최근에 출산을 한 후배 부부가 있는데요. 초보 엄마 아빠라 많이 힘들어 하길래, "부모 되는 게 쉽지 않지?"라고 한마디 해주고 싶어요.

'It's not that easy to be a mom.(엄마가 되는 것은 그렇게 쉽지 않아.)' 이렇게 하는 건 어때?

매우 가까워요. 거의 다 왔어요. 다만 'To be'의 시제를 바꿔보는 게 어떨까요?

시제를 바꾸라면… 'To being'?

엄마(아빠)라는 상태가 명사이기 때문에 'To being'이 아니라, 그냥 'being'을 쓰는 게 맞겠죠?

▸▸ 그래서, 타일러가 준비한 표현은?

152

See? It's not easy being a mom(dad).

* **해석** 봐봐요, 엄마(아빠)가 되는 건 쉽지 않아요.

Check!

* See - 봐봐
* It's not easy - 그건 쉽지 않아요
* Being a mom - 엄마가 되는 것

타일러 Tip

영철 형이 말한 'It's not easy to be a mom'도 틀린 표현은 아니에요. 하지만 이 표현은 상대방이 아빠이거나 부모가 아닐 때 쓴답니다. 상대가 이미 엄마이고, 부모의 역할을 하고 있으면 현재진행형이 되어야 말이 좀 더 자연스러워지겠죠. 그리고 영어회화에서는, 자연스럽게 문장 앞에 'See'를 붙이는 경우가 많아요. 어떤 현상이나 앞으로 펼쳐질 일에 대해서 상대방에게 미리 설명할 때, 또는 본인의 생각을 말해줬는데 시간이 지나고 그 현상이나 일이 실제로 벌어지면서 했던 말이 증명될 때 쓸 수 있어요.

- See what I mean? = 내 말이 무슨 뜻인지 알지?

153

내 핑계 좀 대지 마세요.

부모님에게 제 이름을 팔면서 여기저기 놀러 다니는 친구에게 "나 좀 팔지 마", "내 핑계 좀 대지 마"라고 경고 한마디 해주고 싶어요.

'나 좀 팔지 마'에서 '팔다'를 직역하려고 하면 안 될 것 같아. 그냥 간단하게 'Don't excuse.(변명하지 마.)' 어때?

'Excuse'를 쓰는 게 정말 좋은 것 같아요. 거기서 한 걸음 더 생각해보세요.

'Don't use me.(나를 이용하지 마세요.)'

'Excuse'도 좋고 'Use'도 아주 좋아요. 둘을 한 문장으로 잘 합쳐보면 어떨까요?

▶▶ 그래서, 타일러가 준비한 표현은?

153

Don't use me as an excuse.

* **해석** 나를 핑계거리로 삼지 마세요.

Check!

* Don't use me - 나를 이용하지 마세요
* As an excuse - 핑계로, 핑계거리로

타일러 Tip

누군가 내 핑계를 대거나 나를 팔아먹을 때는 오늘 표현 'Don't use me as an excuse'를 쓸 수 있어요. 또 비슷한 상황으로 친구가 자꾸 내 탓을 할 때가 있죠. 상대가 '너 때문에 결과가 안 좋다, 너 때문에 분위기가 싸해졌다'와 같이 말한다면, '내 탓 좀 하지 마'라고 말하고 싶죠? 그럴 땐 'Don't blame this(it) on me'라고 하면 좀 더 자연스럽습니다.

154

(물건을 내 마음속에) 찜 해놨어요.

바로 듣기

친구와 쇼핑하다가 마음에 드는 물건을 발견했지만 다른 곳도 좀 둘러보려고 바로 사질 않았거든요. 이럴 땐 "찜 해놨어!"라고 말하는데, 영어로도 설명이 가능할까요?

'찜' 해놓는 건, 다른 사람이 안 샀으면 하는 마음이 크니까… 'Don't sale this anybody.(이걸 누구에게도 팔지 마세요.)' 이렇게 해볼까?

매장 직원에게 말을 하려면 'Can you hold on to this for me?(나를 위해 이걸 붙잡아둘 수 있나요?)'라고 하면 되지만, 이건 친구에게 찜 해놨다고 하는 말이니까 다른 방향으로 생각해봐야겠죠?

그렇다면, 'This is my 찜 list!'

하하. '찜'이란 단어가 영어에 있다면 좋겠지만, 없으니까 완전히 풀어서 설명을 해볼게요.

▶▶ 그래서, 타일러가 준비한 표현은?

154

I think I might come back for it.

* **해석** 내 생각에 난 그걸 위해 다시 올지도 모르겠어요.

Check!

* I think - 내 생각에
* I might come back - 나는 다시 올지도 몰라요
* For it - 그것을 위해

타일러 Tip

오늘 표현은 친구들에게 '나 저거 찜 해놨어' 이렇게 가볍게 하는 말이지만, 매장 직원에게 말을 해두고 싶다면 앞에서 나온 표현들을 섞어서 말하면 됩니다.

- I think I might come back for this. Can you hold on to it for me? = 제 생각에 저는 이걸 사러 다시 올지도 모르겠어요. 저를 위해 보관해주시겠어요?

155

그렇게 미안해하지 않아도 돼요. (Sorry에 대한 다양한 대답)

여행 중 호텔 서비스에 서운한 일이 있어 안내데스크에 말을 했더니, 그날 이후 직원들이 저만 보면 미안하다고 하는데 "That's alright" 말고 '괜찮다'는 의미의 다양한 표현 좀 알려주세요.

'No problem.(문제없어요.)'

그건 'Thank you(고마워요)'에 대한 대답이죠. 'So sorry'에 'No problem'이라고 대답하면, 미안하다는 상대의 말을 비꼬는 것 같아요.

그럼, 'You don't need to say sorry.(미안하다고 말할 필요 없어요.)/ That's oh no worry.(그건 걱정할 것도 없어요.)/ You should be sorry.(미안해하셔야죠.)'

앞에 두 개 답변은 너무 좋은데, 말 안 해도 세 번째 건 너무 강하다는 거… 아시죠?

▸▸ 그래서, 타일러가 준비한 표현은?

155

No, really. It's alright.

*** 해석** 아니, 정말이에요. 괜찮습니다.

Check!

* It's alright - 괜찮아요

타일러 Tip

'Sorry'에 대한 대답은 정해져 있는 게 아니죠. 영철 형이 말한 표현도 있고, 상황에 따라 쓸 수 있는 다양한 대답이 많으니까 알아두세요.

- (Oh no) That's(It's) okay. = No worries.
  = Don't worry about it.
  = Don't worry. It's all good.

156

하루 이틀도 아니고 왜 이래요?

해외 직원들에게 메일로 업무 전달을 하는데요. 유독 한 직원이 매번 처음 듣는 말인 것처럼 무슨 말이냐고 되묻네요. 하루 이틀도 아니고 왜 이러냐고 말하고 싶은데, 어떻게 하죠?

'Hey, be professional.(이봐, 전문가가 돼봐.)' 이렇게 해볼까?

그 표현보단, '이 일을 안 해본 것도 아닌데 왜 자꾸 이러니?'와 같이 나무라는 느낌이 들어가야겠죠?

그렇다면, 'No more doing such as an amateur.(더 이상 아마추어처럼 하지 마.)'

틀린 표현은 아니지만, 대놓고 '넌 너무 못해', '아마추어 같아' 이렇게 말하는 것보단 돌려서 말하는 게 좋겠죠? 친한 친구가 아니라 직장 동료니까요.

▶▶ 그래서, 타일러가 준비한 표현은?

156

It's not like we haven't talked before.

* **해석** 우리가 전에 얘기하지 않았던 것도 아닌데요.

Check!

* It's not like - ~같은/그런 것도 아니다
* We haven't talked - 우리는 이야기하지 않았다
* Before - 전에, 이전에

타일러 Tip

오늘 표현을 조금씩 바꿔보면 다양하게 활용할 수 있어요. 'It's not like ○○'은 정말 많이 쓰는 구조거든요. 예를 들어, '서로 모르는 것도 아닌데'라고 표현하고 싶으면, 'It's not like' 뒤에 'We don't know each other'을 붙이면 돼요.
다른 예를 들어볼까요? 친구가 실연을 당하고, 세상이 무너질 것처럼 실의에 빠져 있어요. 그런 친구에게 정신 좀 차리라고 말하고 싶잖아요. 그럴 땐 'It's not like it's the end of the world'라고 하면 됩니다. '세상이 끝난 것도 아니잖아요' 이런 뜻이 되겠죠? 오늘 배운 'It's not like ○○'을 잘 활용하면 정말 미국 사람처럼 보일 거예요.

157

음식이 식었는데, 데워줄 수 있나요?

식당에서 친구들과 한참 얘기하다 보면 음식이 금방 식잖아요. 그럴 때 음식을 다시 좀 데워달라고 말하고 싶은데, 어떻게 하죠?

'Excuse me, it's cold. Can you make oven for this food?(실례지만 차가워요. 이 음식을 위해 오븐을 만들 수 있나요?)'

'It's cold'보다는 뭐가 차가운지, 먼저 주어를 밝혀야겠죠? 'It's cold'라고 하면, '여기 추워요'로 받아들일 수가 있어요.

'This food is cold. Can you microwave?(이 음식이 차가워요. 전자레인지에 돌릴 수 있나요?)' 아니면 'Can you boil?(삶을 수 있나요?)'

정말 가까워지고 있어요. 하지만 정확한 조리법을 우리가 알 수 있는 게 아니니까, 일반적으로 쓸 수 있는 '데우다' 표현을 생각해보세요.

▶▶ 그래서, 타일러가 준비한 표현은?

157

My food is cold. Can you warm it up for me?

* **해석** 음식이 식었어요. 날 위해 따뜻하게 해줄 수 있나요?

Check!

* My food is cold - 내 음식이 차가워요(식었어요)
* Can you warm it up - 데워주시겠어요?
* For me - 나를 위해

타일러 Tip

한국어로는 '워밍업'을 주로 명사로 쓰지만, 영어에선 동사로 쓰는 단어예요. 예를 들어, 운동하기 전에 몸을 풀었는지 확인할 땐 'Did you warm up?'이라고 하고요. 명사로 쓰고 싶을 땐 'To do warm ups'라고 하면 됩니다. 노래하기 전에 'Let's do some warm ups'라고 하면 노래 부르기 전에 목을 풀자는 거고, 축구하기 전에 'Let's do some warm ups'라고 하면, 좀 뛰어다니고 스트레칭도 하며 몸을 풀자는 의미예요.

158

천직이네요.

원어민 선생님이 새로 왔는데, 걱정을 많이 하더라고요. 근데 첫 수업 하는 거 보니까, 너무 잘해서 "이게 너한테 천직이네!" 이런 말을 해주고 싶었어요.

솔직히 말하면, 오늘 표현은 번역기에서 몰래 찾아봤어. 이거 아닐까? 'Your job is your calling.(너의 직업이 너의 부름이다.)'

'Calling'이란 단어가 말씀하신 표현에선 '사명', '부름' 이런 뜻으로 쓰였는데, 오래전 개신교의 사고에서 나온 표현이에요. 옛날에는 태어날 때부터 신의 부름을 받았기 때문에, 그 부름을 찾아야 한다고 생각했거든요. 오늘은 일반적으로 쓰이는 단어를 생각해보세요.

그럼 혹시, 'Vocation(소명)'이 들어가?

구인 공고문에 나오는 말처럼 매우 딱딱하게 들려요. 천직(天職)이란 단어의 한자 뜻을 생각해보세요. 하늘 천(天), 벼슬 직(職)!

▶▶ 그래서, 타일러가 준비한 표현은?

158

You're a natural.

* **해석** 당신은 타고났어요.

Check!

* Natural - 당연한, 자연발생적인

타일러 Tip

오늘 표현이 좀 더 구체적으로 설명되려면, 'You're a natural + 직업'이 되어야겠죠. 예를 들면 다음과 같은 표현들이 있어요.

- You're a natural teacher.
- You're a natural comedian.

혹은 'You're a natural at ○○'으로 표현할 수도 있는데요. 예를 들어, 'You're a natural at teaching/ You're a natural at swimming!'처럼요. 간단하죠? 'You're a natural' 뒤에 '직업'을 붙이거나 'at + 행동'을 붙이면 진짜 미국식 영어랍니다.

159

이 식당이 원조 감자탕 집이에요.

바로 듣기

외국 바이어에게 회사 근처 맛집인 '원조 감자탕'을 설명하고 싶은데, 원조라는 말은 어떻게 이야기하면 좋을까요?

'Originate(비롯되다, 유래하다)'를 써볼게. 'This restaurant is originate 감자탕.'

'Originate, Original, Origin' 이런 단어들은 어떻게 쓰느냐에 따라 문법이 달라져요. '원조'라는 좀 더 쉬운 단어를 생각해보세요.

'This restaurant is top of the top.(이 식당이 최고 중에 최고예요.)'

'최고'라는 설명은 될 수 있겠지만, '원조'라는 말은 설명이 안 되죠?

▶▶ 그래서, 타일러가 준비한 표현은?

159

This restaurant is the home of 감자탕.

*** 해석** 이 식당이 감자탕의 집이에요.

Check!

* This restaurant is - 이 식당이 ~입니다
* The home of ○○ - ○○의 본고장, 본집(원조)

타일러 Tip

'the home of ○○'은 ○○의 고향, ○○의 출생지라는 의미예요. 그것이 생겨난 곳이라는 거죠. 'Korea is the home of kimchi' 하면 '김치는 한국이 원조'라는 뜻입니다. 원조라는 표현으로 'the home of' 말고, '이 식당이 가장 잘하고, 이 식당에서 만든 게 진짜다'라고 말하고 싶을 땐 'This restaurant is the real thing(이 식당이 진짜예요)'이라고 하면 돼요. 이 표현은 가끔 사람에 대해 쓰기도 하는데요. 축구선수는 아니지만, 선수만큼 뛰어나게 축구를 잘하는 친구에 대해 말하고 싶으면 'He's the real thing'이라고 하면 됩니다.

160

마음이 갈팡질팡해요.

바로 듣기

에어컨을 틀면 춥고, 끄면 덥고… 이걸 먹으면 저게 먹고 싶고, 마음이 갈팡질팡하다는 말을 영어로 표현하고 싶어요.

좀 어려운 단어이긴 한데, 'Whimsical(엉뚱한, 기발한)'을 써볼게. 'I'm whimsical.'

오늘 상황에는 안 맞는 표현이에요. 대신, 해리포터가 마법을 부리거나 신비로운 요정이 된 것 같다는 느낌을 전할 때 쓸 수 있는 표현이죠.

'I didn't decide yet.(아직 결정하지 못했어요.)' 아니면 'My mind is changeable.(내 마음이 변덕이 심해요.)' 이건 어떨까?

'I haven't decided yet'으로 말하는 게 바른 표현이구요. 뒤에 표현은 'Mind'를 바꾸는 사람이 '나'이니까, 주어가 바뀌어야겠죠?

▶▶ 그래서, 타일러가 준비한 표현은?

160

I keep changing my mind.

* **해석** 나는 내 마음을 바꾸고 있어요.

Check!

* I keep changing - 나는 바꿈을 유지하고 있어요(계속 바뀌고 있어요)
* My mind - 내 마음

타일러 Tip

비슷한 표현으로, 'I don't know what to do(난 어떻게 해야 할지 모르겠어)'를 쓸 수 있구요. 'keep + OOing' 표현도 알아두면 좋습니다. 이 표현은 OO이라는 동사를 계속한다는 뜻일 수도 있고, 자주 한다는 뜻이 될 수도 있어요. 예를 들어, 강아지가 계속 집 안에서 소변을 본다면, 'The dog keeps peeing in the house'라고 하면 됩니다. 자주 한다는 느낌이죠. 'OO을 계속한다'는 의미가 나오는 예를 들어볼까요? 친구가 마라톤을 하는데, 너무 힘들어 포기하려고 하면 힘을 줘야겠죠. 'Keep going!(포기하지 말고 계속해!)' 이렇게 외치면 된답니다.

161

말 좀 자르지 마세요.

바로 듣기

제 말투가 많이 느린 편인데요. 사람들이 자꾸 제 말을 끝까지 안 들어요. 그럴 때마다 “내 말 좀 자르지 마!” 이렇게 말해주고 싶은데, 그 말마저 너무 느리게 하나 봐요.

평소에 내가 많이 듣는 말이라 알 것 같아. ‘Don’t cut me off.(나를 가로막지 마.)’

좋아요. 근데 나한테 뭘 하지 말라는 건지, 얘기를 하는 게 좋겠죠. ‘Don’t cut me off’를 쓰면, 왠지 말을 자른다기보다 새치기한다는 느낌이 들어요. 틀린 표현은 아니지만, 좀 더 자연스러운 문장이 있습니다. ‘Cut’ 말고, 다른 동사를 생각해보세요.

‘Let me finish.(내가 좀 끝내자.)’

우와, 역시 좋은 표현이에요. 제가 생각한 표현은 아니지만, 굉장히 자연스럽고 좋은 말이에요. 이 표현도 역시 쓸 수 있어요!

▶▶ 그래서, 타일러가 준비한 표현은?

161

Don’t interrupt me.

*** 해석** 나를 방해하지 마세요.

* Interrupt - 중단시키다, 방해하다

타일러 Tip

오늘은 제가 생각하지도 못한 좋은 표현을 영철 형이 다 말해줬어요. 많이 들어봤던 말이라 그렇겠죠?^^ ‘Don’t interrupt me/ Let me finish’ 둘 다 기억해두세요!

162

한국어로 된 내비게이션이 있나요?

해외여행을 가서 렌터카를 빌리려고 하는데요. 한국어로 된 내비게이션이 있으면 좀 더 편할 것 같은데, 한국어 내비게이션이 있는 차에 대해 어떻게 물어보면 될까요?

'Can I rent a navigation for Koreans?' 어떨까?

'Navigation'이 한국에서는 '내비게이션'이라고 하지만, 영어에서는 '항해', '운항'이란 뜻으로 쓰이고 길 안내를 해주는 기계를 지칭하진 않아요. 대신, 국제적으로 통용되는 영어 약자가 있죠?

아 'GPS'! 그렇다면 'Can I rent GPS for Koreans?'

이 문장을 정확하게 해석하면 '한국인용 GPS가 있나요?'예요. 한국인에게만 주는 GPS를 찾는 거죠. 오늘 표현의 포인트는 사람이 아닌 언어, 즉 한국어로 된 걸 원하는 거니까 'For Koreans'가 아닌 거죠.

▶▶ 그래서, 타일러가 준비한 표현은?

162

Can I get GPS in Korean?

* **해석** 한국어로 된 GPS가 있나요?

Check!

* Can I get GPS? - GPS를 얻을 수 있나요?
* In Korean - 한국어로 된

타일러 Tip

오늘 표현에서 'GPS'는 'a GPS'가 되면 안 돼요. 모든 사람들이 빌릴 수 있는 거고, 절대적인 한 가지가 아니기 때문에 그냥 'GPS'라고 말하면 됩니다.
또 'for Koreans'가 아닌 'in Korean'이라고 해야 하는 이유가 궁금하다구요? 간단합니다. 어떤 언어로 되어 있다거나 어떤 언어로 말하거나 쓰거나 듣거나 읽거나 할 때는 항상 'in'을 씁니다. 예를 들어 'Can you say hi in Korean?'이라고 하면, '한국어로 인사할 줄 알아요?'라고 묻는 거구요. 'Is that book in Korean?'은 '저 책은 한국어로 되어 있나요?'라는 뜻입니다.

163

잘했어요,
다음에 더 잘하면 되죠.

공부방을 운영하고 있는데요. 정말 열심히 공부하는데, 시험만 보면 점수가 안 나오는 학생이 있어요. 낙담한 그 학생에게 해줄 수 있는 말, 없을까요?

'Good job. Maybe next time.(잘했어. 다음이 있을 거야.)'

이 표현을 쓸 수 있는 상황은, 면접관이 면접을 떨어트릴 구직자에게 하는 말인 '잘했어요, 다음 기회가 있겠죠'라는 의미로 들릴 수가 있어요.

그렇다면 이렇게 고쳐볼게. 'Good job. I fingers crossed for you.(잘했어. 난 널 위해 행운을 빌었어.)'

정확한 표현은 'I have my fingers crossed for you'가 되어야겠죠. 근데 표현이 좀 과해요. 어렵게 생각하지 말고, 말의 의미를 그대로 영어로 옮겨보세요.

▸▸ 그래서, 타일러가 준비한 표현은?

163

You did great and you can do better next time.

*** 해석** 훌륭했어요. 다음에 더 잘하면 되죠.

Check!

* You did great - 당신은 훌륭했어요
* You can do better - 더 잘할 수 있어요
* Next time - 다음번에

타일러 Tip

영철 형이 사용한 'Good job'은 '잘했어, 훌륭해' 이런 뜻도 되지만, 상황에 따라서는 빈말처럼 들릴 수 있어요. 일이 다 끝난 후에 '잘했다'라는 의미이기 때문에, 결과가 잘 안됐다고 하더라도 평소보다 더 많이 노력한 상황이라면 'You did great'를 더 많이 쓰니까 꼭 기억해두세요.

164

어디로 가면 되는지 알려주세요.

바로 듣기

매듭 공예를 배우기 위해 스페인에서 한국으로 온 친구가 있는데요. 한국 지리를 잘 모르니까 그냥 제가 친구가 있는 쪽으로 가겠다고 말을 하고 싶은데, 어떻게 하면 좋을까요?

미드 보니까 'Let me know(알려줘)' 이 표현을 많이 쓰더라구. 'Let me know where you are and I'll be right there.(어디에 있는지 거기로 바로 갈게요.)'

쓸 수 있어요. 근데 좀 더 짧은 표현이면 좋겠죠?

그럼 이렇게 해볼까? 'Let me know where is convenient for you.(어디가 너에게 편한지 알려줘.)'

Very good! 아주 좋아요. 근데 조금 더 순한 말로 준비해봤어요.

▶▶ 그래서, 타일러가 준비한 표현은?

164

Let me know where works for you.

*** 해석** 널 위해 어디가 되는지 알려주세요.

Check!

* Let me know - 나에게 알려줘요
* Where works - 어디가 되는지
* For you - 널 위해

타일러 Tip

오늘 표현에서 쓰인 'work'는 '일하다'라는 뜻이 아니라 '되다'라는 뜻으로 쓰였습니다. 미국에서는 '되다'라는 뜻으로 매우 자연스럽게 쓰이는 단어예요. 알아두면 좋겠죠?
또, 오늘 표현을 좀 더 응용한 표현들을 알려드릴게요.
- Let me know when works for you. = 언제 시간이 되는지 알려줘.
- Let me know what works for you. = 무엇이 되는지 알려줘.

다양하게 쓸 수 있으니, 이 문장 구조를 꼭 기억해두세요.

165

안쪽으로 들어가시겠어요?

바로 듣기

좌석 버스를 타고 가는데, 내릴 때가 다 돼서 복도 쪽에 앉았거든요. 근데 금방 탄 외국인이 제 자리에 앉고 싶어 하길래, "그쪽이 안으로 들어가시겠어요?"라고 말하고 싶더라구요. 어떻게 하면 됐을까요?

나라면 이렇게 하겠어. 'Could you move you inside seat?(안쪽 자리로 옮겨주시겠어요?)'

'Inside'를 쓴 건, 매우 좋았어요.

미국에서 직접 들은 말이야. 'Hey, scoot over!(옆으로 자리 비켜 앉아!)'

예의 있는 표현은 아닌 것 같아요. 모르는 사람에게 '비켜'라고 말하면 무례하죠. '안쪽으로 앉으시겠어요?' 이렇게 접근해보세요.

▶▶ 그래서, 타일러가 준비한 표현은?

165

Would you mind sitting on the inside?

*** 해석** 안으로 들어가 앉으시겠어요?

Check!

* Would you mind~? - ~해도 괜찮으시겠어요?

* Sitting on the inside - 안쪽에 앉기

타일러 Tip

버스 안이나 공연장 등에서 막힌 쪽(창가 쪽)이 'inside', 뚫린 쪽(복도 쪽)이 'outside'입니다. 그리고 오늘 표현에선, 원래는 먼저 온 사람이 안쪽으로 들어가는 게 맞는데, 밖에 있고 싶어서 상대에게 양해를 구하는 것이기 때문에 좀 더 공손한 표현인 'Would you mind'를 썼으니 참고해주세요. 'Would you mind + 어떠어떠한 것'을 쓰려면, 동사는 오늘 표현처럼 '~ing' 형으로 바꿔야 해요.

- Would you mind waiting? = 좀 기다려주시겠어요?

근데 자리 때문에 짜증이 났다면, 굳이 공손하게 'Would you mind'를 쓸 필요 없이 좀 덜 친절하게 'Could you sit on the inside?'라고 말해도 됩니다.^^

복습하기

151 ~ 165

- 놓고 가는 거 없는지 잘 확인하세요.
- 엄마(아빠) 되는 게 쉽지 않아요.
- 내 핑계 좀 대지 마세요.
- (물건을 내 마음속에) 찜 해놨어요.
- 그렇게 미안해하지 않아도 돼요.
  (Sorry에 대한 다양한 대답)
- 하루 이틀도 아니고 왜 이래요?
- 음식이 식었는데, 데워줄 수 있나요?
- 천직이네요.
- 이 식당이 원조 감자탕 집이에요.
- 마음이 갈팡질팡해요.
- 말 좀 자르지 마세요.
- 한국어로 된 내비게이션이 있나요?
- 잘했어요, 다음에 더 잘하면 되죠.
- 어디로 가면 되는지 알려주세요.
- 안쪽으로 들어가시겠어요?

복습하기 151 ~ 165

- Make sure you didn't leave anything behind.
- See? It's not easy being a mom(dad).
- Don't use me as an excuse.
- I think I might come back for it.
- No, really. It's alright.
- It's not like we haven't talked before.
- My food is cold. Can you warm it up for me?
- You're a natural.
- This restaurant is the home of 감자탕.
- I keep changing my mind.
- Don't interrupt me.
- Can I get GPS in Korean?
- You did great and you can do better next time.
- Let me know where works for you.
- Would you mind sitting on the inside?

166

당신은 운전할 때 딴사람이 되네요.

평소엔 순하고 얌전한데, 운전대만 잡으면 딴사람이 되는 친구가 있어요. 이럴 때 우린 헐크같이 변한다고 하는데, 딴사람이 된다는 걸 어떻게 표현하면 좋을까요?

타일러도 헐크, 알지? 'When you drive, you look like Hulk.(너는 운전할 때, 마치 헐크 같아.)'

우선, 'You look like "the" Hulk'가 되어야겠죠.
말은 되는 표현이지만, 미국인들이 생각하는 헐크는 '근육질'이에요. 그래서 운전할 때 헐크 같다는 건, '운전대를 잡은 근육이 진짜 잘 보인다' 그렇게 생각할 것 같네요.

'When you drive, you look different.(너는 운전할 때, 달라 보여.)' 이렇게 하면?

맞는 말이지만, 어떻게 달라 보이는지 모르잖아요.
'헐크'라는 비유를 썼으니까, 문학작품의 캐릭터를 한번 떠올려보세요.

▶▶ 그래서, 타일러가 준비한 표현은?

166

You're like Dr. Jekyll and Mr. Hyde when you drive.

* **해석** 당신은 운전할 때 지킬 앤 하이드 같네요.

Check!

* You're like - 당신은 ~같네요
* Dr. Jekyll and Mr. Hyde - '지킬 앤 하이드'의 정식 명칭
* When you drive - 운전할 때

타일러 Tip

한국과 미국에서 유명한 캐릭터들이 있지만, 그 특징은 조금씩 다른 경우가 있어요. 스누피(Snoopy)도 아시아에서는 주로 귀여운 강아지로 생각하지만, 영어권에서는 장난꾸러기 또는 귀엽지만 조금 성격이 나쁜 캐릭터죠. 또 형용사로 'snoopy'라고 하면, 남 일에 관심을 과하게 가져서 몰래몰래 알아보려는 것을 묘사하는 말이기도 해요. 친구의 일기를 몰래 훔쳐보는 것, 옆집에서 뭐 하나 자꾸 보려는 행동… 이런 것들을 모두 'to be snoopy'라고 한답니다.

167

꽃길만 걸을 거예요.

직원들을 너무 힘들게 했던 상사가 다른 지점으로 발령을 받아 떠났습니다. 외국인 직원에게 "이제 꽃길만 걷자"고 말하고 싶은데, 이 느낌을 어떻게 전달하면 좋을까요?

'No more stress out.(더 이상 스트레스 받지 말자.)'

오늘 표현은 미국에서 전혀 안 쓰는 말이라 바꾸기가 너무 힘들었어요. 그럼 생각을 바꿔서, '꽃길만 걷자'고 하는 건 '앞으로는 다 잘되고, 잘 풀릴 거다' 이런 의미니까 그쪽으로 생각해볼까요?

'Everything will be fine, it's going to be alright from now on.(다 잘될 거야, 그리고 이제부터는 괜찮아질 거야.)'

매우 좋아요. 근데 너무 기니까, 짧게 생각해볼까요?

▶▶ 그래서, 타일러가 준비한 표현은?

167

Things will get better from now on.

* **해석** 지금보다 더 좋아질 거예요.

Check!

* Things will get better - 다 잘될 거예요
* From now on - 지금부터는

타일러 Tip

한국의 신조어나 유행어를 그대로 직역하려는 분들이 있어요. 하지만 그렇게 한다고 모든 사람들이 같은 문화를 공유하는 건 아니기 때문에, 상대방이 다 알아들을 수는 없겠죠? 그럴 땐, 최대한 상황에 맞게 풀어서 생각해보는 노력이 필요하답니다.

168

당신은 정말 수다쟁이네요.

바로 듣기

외국인 친구 중에 정말 말이 많은 애가 있어요. 우리나라에선 말이 많으면 퀵마우스, 모터마우스라고 놀리기도 하잖아요. 통할까요? "너 정말 수다스럽다" 이 말은 어떻게 전하면 좋을까요?

'You're a motormouth.' 아니면 'You're a quick-mouth.'는 어때?

우선, 'Quick-mouth'는 전혀 쓰지 않는 표현이에요. 대신 'Motormouth'는 미국에서도 통하는데요. 흔히 쓰는 말은 아니에요. 수다스러운 것보단 입이 가벼워서 비밀을 폭로한다는 뉘앙스도 있고, 좀 부정적으로 쓰여요.

그럼, 수다스럽다는 뜻을 가진 'Talkative'나 'Chatty'를 써서 'You're talkative.'나 'You're chatty.'

아주 좋아요. 'Chatty'를 'Motormouth'처럼 살짝 변형시킨 단어가 있는데, 모르시겠어요?

▸▸ 그래서, 타일러가 준비한 표현은?

168

You're a real chatterbox.

* **해석**　당신은 정말 수다쟁이네요.

Check!

* You're a real - 당신은 정말
* Chatterbox - 수다스러운 상자, 즉 수다쟁이

타일러 Tip

'motormouth'와 'chatterbox'의 차이를 조금 더 살펴볼까요? 'motormouth'는 항상 말을 하고 있기 때문에 뭐든 다 얘기해버리는 거예요. 과해요. 비밀까지 다 말하니까, 어떻게 봐도 부정적인 어감이에요. 누가 나에게 'motormouth'라고 하면 무조건 기분이 나빠요. 대신 'chatterbox'는 대화하는 걸 좋아하고, 말하는 걸 즐거워하는 사람을 뜻하기 때문에 나쁜 느낌이 없어요. 영철 형처럼 말하는 걸 좋아하는 사람에겐 이 단어를 꼭 써야겠죠?

169

반대 방향으로 가서 (지하철을) 타야 합니다.

바로 듣기

플랫폼에서 지하철을 기다리고 있는데, 외국인이 길을 묻더라구요. 보니까 반대 방향에서 타야 하길래, 말은 못하고 계속 손가락만 가리켰네요. 저쪽으로 가라는 말, 어떻게 해주면 됐을까요?

'No no no, wrong way. You have to this way.(아니아니아니 잘못된 길이야. 이 길로 가야 해.)'

'This way'는 내가 가는 방향이니까, 저쪽으로 가라고 하면 'That way'라고 해야겠죠. 저쪽에서 타야 한다는 의미가 들어가야 합니다.

'You have to take that 쪽.'

'쪽'을 영어로 뭐라고 하면 좋을지 잘 생각해보세요!

▶▶ 그래서, 타일러가 준비한 표현은?

169

(손으로 가리키며) You have to go on that side.

*** 해석** 저쪽으로 가야 합니다.

Check!

* You have to go - 당신은 가야만 합니다

* On that side - 저쪽에

타일러 Tip

오늘 표현은 버스가 반대편에 있거나 승강장에서 두 가지 방향이 있을 때, 꼭 손으로 가리키며 알려줘야 해요. 비슷하게 쓸 수 있는 표현으로, 'You have to go the other way(다른 길로 가야 해요)'가 있답니다.

170

적어도 한 명당 메뉴 하나씩은 주문해주세요.

바로 듣기

식당을 운영하는데, 경기가 안 좋다 보니 한 명당 한 메뉴(1인 1메뉴)는 꼭 시켜달라고 부탁하고 있어요. 외국인 손님에게는 어떻게 설명하면 좋을까요?

'You should order each by each.(각각 주문하셔야 합니다.)'

손님에게 부탁을 해야 하는 상황인데 또 'Should'를 쓰셨네요. 'Should'는 상대방 행동에 대한 가치 판단이 들어간 말이잖아요? 다른 표현을 찾아보세요.

'Please, why don't you take order per person.(실례지만, 한 사람당 주문 받는 게 어때요?)'

점점 가까워지고 있어요. '최소한', '적어도' 이런 단어가 들어가면 더 좋을 것 같은데요?

▶▶ 그래서, 타일러가 준비한 표현은?

170

Please order at least one meal per person.

* **해석** 적어도 한 사람당 음식 하나씩은 주문해주세요.

Check!

* Please order - 주문해주세요
* At least - 적어도
* One meal per person - 한 사람당 음식 하나

타일러 Tip

'1인 1메뉴'를 그대로 영어로 옮겨 'One person, One menu'를 생각한 분들도 있을 텐데요. 이렇게 말하면 음식이 아니라, 메뉴판 하나씩을 드린다는 의미로 받아들일 수 있어요. 미국에서 말하는 메뉴(menu)란 음식의 종류가 아니라 메뉴가 적힌 종이(메뉴판)를 말한다는 거, 잊지 마세요!

171

김밥이 아직 안 나왔어요.

바로 듣기

분식집에서 음식 세 개를 시켰는데 두 개만 나오고, 김밥은 아무리 기다려도 안 나오더라구요. 혹시 해외여행 가서도 이런 일이 생길지 모르니까, 음식이 아직 안 나왔다는 표현을 알아두고 싶어요.

'Excuse me, 김밥 is not here.(실례지만 김밥이 여기 없어요.)'

그렇게 말해도 통해요. 근데, 김밥이 꼭 사람 같아요.

'Excuse me, I order the 김밥 already. How long do I have to wait?(실례지만 이미 김밥을 시켰는데요. 얼마나 더 오래 기다려야 해요?)'

물론 이것도 통해요. 근데 너무 길죠. 간단한 표현이 있습니다.

▶▶ 그래서, 타일러가 준비한 표현은?

171

Is the Gimbap on its way?

*** 해석** 김밥이 자기 길을 오고 있나요?

Check!

* On its way - 그것의 길 위에

타일러 Tip

오늘 표현은 '김밥' 자리에 아무거나 넣어도 다 통하겠죠? 식당뿐 아니라, 인터넷 쇼핑몰에서 주문한 가방이 아직 도착하지 않아 배송 문의를 할 때도 'Is the bag on its way?'라고 쓸 수 있어요. 비슷한 표현으로 'I'll still waiting on the Gimbap(나는 김밥이 나올 때까지 기다릴 거예요)'을 쓰기도 하는데요. 이 표현은 식당에서 음식이 안 나왔다고 종업원에게 눈치를 주고 싶을 때 주로 쓴답니다.

172

넌 누굴 닮아 그러니?

바로 듣기

아이 셋을 둔 아빠입니다. 아이들에게 화를 안 내는 아빠이고 싶은데, 너무 속상할 때 넌 대체 누굴 닮아서 그런 거냐고 야단을 치게 되네요. 미국에서도 부모가 아이에게 이런 말을 쓰나요? 표현도 궁금해요.

'Who you look like?(너는 누굴 닮았니?)'

외형적인 '닮다'에 초점을 두면 안 되겠죠. 성격이나 전반적인 성향을 묻는 의미가 되어야 합니다.

'Which side your gene? Mother side?(너의 유전자는 어느 쪽이니? 엄마 쪽?)'

유전자 측면에서 '닮다'를 생각한 건 좋아요. 유전자는 부모로부터 받는 거죠? 그걸 생각해보세요.

▶▶ 그래서, 타일러가 준비한 표현은?

172

You got that from your mother.

* **해석** 당신은 어머니한테서 그걸 받았네요.

Check!

* You got that - 당신은 그것을 얻었네요
* From your mother - 당신의 어머니로부터

타일러 Tip

오늘 표현의 속뜻은 '넌 누굴 닮아서 그러니? 나는 아닌데… 엄마한테 물려받았구나?'라는 의미겠죠. 영어권에서는 대놓고 '넌 누굴 닮아 그러니?'라며 질책하기보단 돌려서 말하는 걸 더 선호하기도 합니다. 정말 직설적으로 말하고 싶을 땐, 'You're just like ○○'이라고 하면 돼요. 좋은 의미로도 혹은 나쁜 의미로도 쓸 수 있는 표현입니다. 오늘 표현들은 '넌 아빠를 닮았구나', '할머니를 닮았구나' 등등 여러 가지로 응용 가능하니 꼭 써먹어보세요!

173

이거 중독될 정도로 맛있어요. (마약김밥에 대한 설명)

광장시장에 갔는데, 광장시장의 명물 마약김밥을 'Drug gimbap'이라고 적어놨더라구요. 아무리 그래도 이건 아닌데, 마약김밥은 어떻게 표현하면 좋을까요?

'김밥 is overdose.' 이건 어떨까?

'Overdose'는 '중독되다'라는 의미보다는 '과다 복용'이라는 뜻이 강해요. 주로 사망 원인을 얘기할 때 쓰는 말이에요. 그래서 'Overdose'를 쓰면 김밥을 과용해서 진짜 힘들다는 의미가 되는 겁니다.

'If you eat this, you're going to addict it.(만약 이걸 먹는다면, 당신은 중독될 거예요.)'

'You're going to be addicted to it'이 바른 표현이구요. 차라리 이렇게 풀어서 설명하는 게 더 좋아요.

▶▶ 그래서, 타일러가 준비한 표현은?

173

This is addictive.

* **해석** 이거 중독적이에요.

Check!

* Addictive - 중독성의, 중독성이 있는

타일러 Tip

한국 음식의 영어 이름을 모를 땐 한국식 이름을 그대로 말해주는 게 훨씬 좋아요. 마약김밥도 'Drug Kimbap'이 아닌 'Mayak Kimbap'으로 말이죠. 'Drug Kimbap'은 어감이 정말 안 좋아요. 또 음식의 정확한 영어 명칭을 모를 때는요, 어렵게 생각하지 마세요. 간단하게 음식에 들어간 재료, 맛 등을 묘사하고 그대로 설명해주는 게 가장 좋습니다. 결국 먹는 건 이름이 아니라, 오감으로 느끼는 거죠.

174

거참, 안됐네요.

동료들과 간식 내기 사다리타기를 하는데, 외국인 직원이 항상 걸려요. 위로도 해줄 겸 "거참 안됐네~ 행운의 여신이 비켜갔어~" 이렇게 말해주고 싶은데, 너무 놀리는 것 같지 않으면 좋겠네요.

'행운의 여신'이라는 말에서 힌트를 얻었어. 'No luck.(운이 없네.)'

좋아요. 이런 상황에선 간단한 표현을 이용하는 게 좋아요.

'No chance.(가망이 없네.)'

표현에 'No'를 쓰면, 운이나 가망이 아예 없다는 거예요. 하지만 오늘 상황은 안 좋은 운이라는 거죠.

▶▶ 그래서, 타일러가 준비한 표현은?

174

That's (just) bad luck.

* **해석** 운이 나빴을 뿐이에요.

* Bad luck - 운이 나쁘다

타일러 Tip

'That's bad luck'이 아니라 그냥 'Bad luck'이라고 하면 정확한 표현이 되지 않아요. 무엇이 '나쁜 운'인지 목적어가 있어야겠죠. 미국은 친한 사이끼리 장난도 많이 치고 놀릴 때도 많아서, 그럴 때 쓸 수 있는 표현들이 굉장히 많아요. 하지만 욕설이 들어가 있다는 거! 하나만 예를 들어 보면요. 오늘 표현과 같은 상황에서 'SOL(= Shit out Of Luck)'이라고 하는 사람들이 있어요. 굳이 뜻은 설명 안 해도 비속어가 들어간 표현이라는 거, 아시겠죠?^^

175

저희들 방은 붙여주세요.

바로 듣기

친구들 여섯 명이 미국으로 여행을 갑니다. 한국에서 호텔 예약을 하고 갈 텐데, 두 명씩 잔다고 해도 방 세 개가 필요하잖아요. 방을 붙여달라고 요청하고 싶은데 어떻게 하면 좋을까요?

비행기 탈 때, 자리 붙여달라고 써먹어봤어. 'Can we sit all together?(우리 모두 같이 앉을 수 있나요?)'

비행기 자리를 말할 땐 맞는 표현이에요. 하지만 오늘은 방을 붙여달라는 거죠?

'We are six. We don't want to separate.(우린 여섯이에요. 헤어지길 원치 않아요.)'

우선, 정확한 표현은 'We don't want to be separated'가 되어야 하구요. 근데 이렇게 말하면 큰 방 하나를 줄 것 같은데요? 우리는 서로 떨어져 있기 싫다는 말이니까요.

▶▶ 그래서, 타일러가 준비한 표현은?

175

Can we have our rooms next to each other?

* **해석** 우리의 방을 서로 붙어 있게 해줄 수 있나요?

Check!

* Next to - 옆에 붙어 있는
* Each other - 서로

타일러 Tip

호텔 예약할 때 쓸 수 있는 표현, 몇 개만 더 알려드릴게요.

- 높은 층에 있는 방으로 주세요. = Can I get a room on one of the higher floors?
- 금연 방으로 주세요. = I'd like a non-smoking room.
- 조식이 포함되나요? = Is breakfast included?
- 전망이 좋은 방으로 주세요. = Could I get a room with a good view?

176

담당자 연결해드리겠습니다.

해외 지점에서 전화가 자주 오는데요. 담당자를 연결해줘야 하는데, 영어만 들으면 아무 말도 못하고 담당자에게 곧바로 연결해버릴 때가 많아요. 담당자를 연결해주겠다는 말은 어떻게 하면 좋을까요?

'I'm sorry. Just a moment please. I'm not in charge.(죄송한데, 잠시만요. 전 담당이 아니에요.)'

그렇게 장황하게 설명할 필요는 없겠죠. 그래도 'Just a moment, please'만 하면 눈치는 채니까 좋은 표현이었어요. 근데 그냥 차라리 담당자를 연결해주겠다고 말하면 되지 않을까요?

'I'm not responsible for this.(나는 여기 책임자가 아니에요.)'

담당자(특정인)를 연결시켜주겠다는 표현이 없어요. 잘 생각해보세요.

▶▶ 그래서, 타일러가 준비한 표현은?

176

I'll put you through.

* **해석** 연결해드리겠습니다.

Check!

* I'll put - 내가 꽂을 거예요
* You through - 당신이 통하도록

타일러 Tip

예전에는 유선 전화를 사용했기 때문에, 담당자에게 연결하려면 선을 바꿔서 연결해주는 '오퍼레이터'라는 직업이 있었어요. 실제로 전화선을 바꿔 꽂는 거예요. 상대방에게 통하는 선으로 말이죠. 그래서 오늘 표현은 '선을 뺐다가 딴 데 꽂아볼게요' 이런 의미에서 시작됐다고 볼 수 있어요. 오늘 표현 외에도, 담당자가 부재중일 땐 다음과 같이 말할 수 있어요.

- I'm sorry she/he's not here. Can I take a message?
  = 죄송한데 그녀/그는 여기 없어요. 메시지를 남겨줄까요?
- I'm sorry she/he's not available. Can I have her/him call you back? = 죄송한데 그녀/그가 자리에 없네요. 그녀/그에게 전화하라고 할까요?

177

미스터 김 데려오겠습니다.

바로 듣기

회의 시간에 매번 늦는 직원이 있어요. 전화를 하기도 미안하고 직접 데려와야 하는 경우가 있는데, 어디 가냐고 묻는 상사에게 "제가 데려올게요"라고 말할 땐 어떻게 표현해야 할까요?

'Bring(가져오다)'을 써볼게. 물건을 가져올 때처럼 'I will bring Mr. Kim.(미스터 김을 가져올게요.)' 이건 어때?

'Bring'이 물건을 가져올 때만 쓰는 건 아니에요. 매우 좋아요. 하지만 'Bring'보다 더 많이 쓰는 단어가 있습니다.

'I will pick up Mr. Kim.'

'Pick up'은 차로 데리러 갈 때 쓸 수 있는데요, 걸어가거나 버스를 타더라도 내가 가는 동선이어서 가는 길에 데리러 간다고 할 때도 쓸 수 있어요.

▶▶ 그래서, 타일러가 준비한 표현은?

177

I will get Mister Kim.

* **해석** 미스터 김 데리러 갈게요.

* I will get - 나는 가져올(데려올) 거예요

타일러 Tip

한국어로는 'bring'과 'get'이 다른 표현이라고 생각하지만, 영어에서는 '가져오다'와 '데려오다'가 구분이 없어요. 다만, 더 많이 쓰고 자주 쓰는 단어가 'get'이기 때문에 좀 더 자연스러운 거고, 'bring'이 틀린 건 아니에요.

178

아무 일 없길 기원합니다.

바로 듣기

외국계 회사에서 근무하는데, 미국에서 총기 사고나 자연재해 같은 소식이 들릴 때마다 "아무 일 없길 바랍니다. 무사태평하길 바랍니다" 이런 한마디를 해주고 싶은데… 어떤 표현이 좋을까요?

'I hope you not happen anything.(어떤 일도 일어나지 않았으면 좋겠네요.)'

정확한 표현이 되려면, 'I hope nothing happens'가 되어야 하구요. 하지만 오늘 상황에선, 이미 사건은 일어났고 사건이 있은 뒤에 해주는 위로인 거죠. 마음을 기원하는 한마디가 필요합니다.

'I will keep my fingers crossed for you.(행운을 빌어요.)'

영철 형이 이 표현을 좋아하는 것 같네요. 'I will keep' 이 표현을 쓴 건 매우 좋아요. 하지만 'Fingers crossed' 역시 미래에 벌어질 일에 대해 행운을 빌어주는 표현입니다.

▸▸ 그래서, 타일러가 준비한 표현은?

178

I will keep you in my thoughts.

* **해석** 당신이 계속 내 생각에 남도록 그 상황을 유지할게요. 즉, 계속 생각하며 기도할게요.

Check!

* I will keep you - 나는 당신을 유지할게요
* In my thoughts - 내 생각 안에

타일러 Tip

좀 더 종교적인 표현으로, 'I will keep you(them/ him/ her/ 이름) in my prayers'가 있어요. 'prayers'와 'thoughts' 둘 다 쓸 수 있지만, 종교적이냐 그렇지 않느냐의 차이라 본인에게 더 맞는 표현을 골라서 쓰면 됩니다.

179

이 길로 쭉 가면 정문이 나올 거예요.

바로 듣기

신촌에 놀러 갔는데, 한 외국인이 유명 대학교를 어떻게 가야 하는지 묻더라구요. 이 길로 쭉 가면 정문이 나오는데… 정문이란 단어가 'Big door'밖에 생각이 안 나서 엄청 무안했었네요.

정문을 'Main gate'로 표현해볼게. 'Go straight this way and you will find the main gate.(이 길로 쭉 가세요. 정문을 발견할 거예요.)'

맞는 표현이에요. 근데 조금만 더 짧게, 표현해볼까요?

'You should go to this road, you can see the main gate.(정문을 보려면 이 길로 가야만 해요.)'

'If you take this road'로 앞부분만 바꾸면 진짜 좋은 표현이에요. 자 그럼, 정문은 'Main gate'도 되지만, 후문이 아닌 정문은 뭐라고 표현하면 될까요?

▶▶ 그래서, 타일러가 준비한 표현은?

179

If you go that way, you will see the front gate.

*** 해석** 저 길로 쭉 가면, 정문을 보게 될 겁니다.

Check!

* If you go that way - 저쪽으로 간다면
* You will see - 당신은 보게 될 겁니다
* The front gate - 정문

타일러 Tip

'정문'이란 표현은 'main gate/ front gate/ entrance' 등등 다양하게 표현할 수 있어요. 참고로 '후문'은 'back gate'라는 것도 기억해두세요.

180

추석은 한국의 최대 명절 중 하나예요.

바로 듣기

회화 수업을 하는데, 선생님이 추석에 대해 설명을 해달라길래 "추석 is top of the top" 이라고 말을 했네요. 근데 설날도 있는데 'Top of the top'은 아닌 것 같고, 뭐라고 설명해야 할까요?

나도 'Top of the top'을 떠올렸는데, 'Chuseok is top of the top holidays.'

음, 뭐랄까요… 'Top of the top'은 품질이 가장 좋은 물건이나 가장 훌륭한 인재를 묘사할 때 쓰는 말 같아요. 명절을 설명할 때 쓰기에는 좀 어색해요.

'Top of the top'보다는 'One of the'를 써볼게.

'Chuseok is one of the biggest holidays in Korea.'

진짜 좋아요, 매우 좋아요! 'Korea'의 위치만 다를 뿐, 제가 준비한 표현과 같아요. 잘하셨어요.

▸▸ 그래서, 타일러가 준비한 표현은?

180

Chuseok is one of Korea's biggest holidays.

* **해석** 추석은 한국의 가장 큰 명절 중 하나예요.

Check!

* Chuseok is one of - 추석은 ~중 하나예요
* Korea's biggest holidays - 한국의 가장 큰 명절들

타일러 Tip

비슷한 표현으로, 'Chuseok is one of Korea's most important holidays(추석은 한국의 가장 중요한 명절 중 하나예요)'가 있어요. 오늘 표현도 여러 가지로 응용 가능하겠죠?

- I'm one of your biggest fans. = 저는 당신의 가장 열렬한 팬 중 한 명이에요.

복습하기 166 ~ 180

- 당신은 운전할 때 딴사람이 되네요.
- 꽃길만 걸을 거예요.
- 당신은 정말 수다쟁이네요.
- 반대 방향으로 가서 (지하철을) 타야 합니다.
- 적어도 한 명당 메뉴 하나씩은 주문해주세요.
- 김밥이 아직 안 나왔어요.
- 넌 누굴 닮아 그러니?
- 이거 중독될 정도로 맛있어요.(마약김밥에 대한 설명)
- 거참, 안됐네요.
- 저희들 방은 붙여주세요.
- 담당자 연결해드리겠습니다.
- 미스터 김 데려오겠습니다.
- 아무 일 없길 기원합니다.
- 이 길로 쭉 가면 정문이 나올 거예요.
- 추석은 한국의 최대 명절 중 하나예요.

복습하기

166 ~ 180

- You're like Dr. Jekyll and Mr. Hyde when you drive.
- Things will get better from now on.
- You're a real chatterbox.
- (손으로 가리키며) You have to go on that side.
- Please order at least one meal per person.
- Is the Gimbap on its way?
- You got that from your mother.
- This is addictive.
- That's (just) bad luck.
- Can we have our rooms next to each other?
- I'll put you through.
- I will get Mister Kim.
- I will keep you in my thoughts.
- If you go that way, you will see the front gate.
- Chuseok is one of Korea's biggest holidays.

181

오늘 밤 달 보고 꼭 소원 비세요.

바로 듣기

추석이라 한국인 직원들은 모두 고향에 가지만, 딱히 갈 곳 없는 외국인 직원들은 특근 신청을 했더라구요. 미안한 마음에, 오늘 밤 달 보고 꼭 소원 빌라고 말해주고 싶어요.

'You have to pray toward the moon.(달을 보면서 기도해야만 해.)'

'Pray'는 종교적인 느낌이 강한 단어예요. 그래서 듣는 사람에 따라서는 종교를 강요하는 느낌이 들 수 있어요. '기도'가 아닌 '소원'을 비는 쪽으로 생각해보세요.

'Make a wish to the moon.(달에 소원을 빌어보세요.)'

좋아요. 'Wish'를 잘 생각했어요. 전치사만 수정하면 완벽한데, 아쉽네요.

▶▶ 그래서, 타일러가 준비한 표현은?

181

Make sure you make a wish on the moon tonight.

* **해석** 오늘 밤 달에게 꼭 소원을 빌어보세요.

Check!

* Make sure - 확신하다, 확실하다
* You make a wish on the moon - 달에게 소원을 빌어보세요
* Tonight - 오늘 밤

타일러 Tip

오늘 밤 '꼭' 소원을 빌라고 말하는 거니까 'Make sure'을 추가했구요. 일반적으로 'Make sure you'는 빼고 'Make a wish on the moon tonight'을 써도 좋습니다. 'wish'를 써서 '달에게 소원을 비세요/ 별에게 소원을 비세요'라고 말하고 싶을 때, 전치사 'to' 대신 'on'을 쓴다는 것도 잊지 마세요.

182

세금 포함인가요?

해외여행을 갔다 왔는데, 의외로 "뭐뭐 포함인가요?" 이 표현을 많이 쓰게 되더라구요. "조식 포함인가요? 음료 포함인가요? 보험 포함인가요?" 등등 자연스러운 영어가 필요해요. 오늘은 "세금 포함인가요?" 이걸로 알려주세요.

호텔에서 정말 많이 들었던 말이야. 'Excuse me, is it including tax?'

우와, 형! 영어가 늘고 있는 게 보여요. 정말 좋은 표현인데, 좀 더 짧게 줄일 수 있어요. 한 번만 더 시도해보세요.

'Is including tax?(세금 포함해서요?)'

Yes! 좋아요. 거의 다 왔네요. 이젠 어순과 시제를 조금만 바꿔볼게요.

▶▶ 그래서, 타일러가 준비한 표현은?

182

Is tax included?

* **해석** 세금이 포함됐나요?

Check!

* Include - 포함하다

타일러 Tip

오늘 표현은 'Is ○○ included?' 이것만 기억해두면 좋겠죠?
- Is breakfast included? = 조식 포함인가요?
- Is GPS included? = GPS가 포함돼 있나요?
근데 '음료 포함인가요?'에서 음료는 복수형으로 써야 해요. 'Are drinks included?' 이렇게요. 오늘 표현은, 'to include(포함하다, 포함시키다)'로 이해하면 돼요. 그런데 뭔가가 포함됐는지를 얘기하고 싶으면 수동태로 바꿔서 '-ed'로 만들어야겠죠?
'include'라는 말은 사회적으로도 쓸 수 있어요. 친구들이 자꾸 날 빼고 노는 것 같다거나 사랑하는 사람이 나와 상의하지 않고 큰 결정을 내린다면, 'I don't feel included'라고 할 수 있죠. 어떤 과정이나 활동에 나를 안 껴주고 소외시킨 것 같다는 말이 되는 겁니다.

183

그녀는 출산 휴가 중이에요.

옆자리 동료가 출산 휴가를 떠났는데, 지나가던 외국인 동료가 어디 갔냐고 묻더라구요. 'Holiday'는 놀러 간 것 같고, 'Sick'은 아파서 빠진 것 같고, 'Baby'라고 하면 애가 태어난 것 같고, 이럴 땐 뭐라고 말해줘야 하죠?

이렇게 해볼게. 'She is on maternity holiday.'

'Maternity'란 단어를 생각해내다니, 정말 대단해요. 근데 미국에서 'Holiday'는 오직 '명절'을 말할 때 쓸 수 있어요. '휴가'를 표현하고 싶을 땐 'Vacation'이구요. 대신, 영국에서는 'Holiday'를 휴가의 의미로 쓰기도 하니까 참고하세요.

'She is on maternity left.'

너무 아까워요. 너무 귀엽게 틀렸네요. 살짝만 바꿔볼까요?

▶▶ 그래서, 타일러가 준비한 표현은?

183

She's on maternity leave.

* **해석** 그녀는 출산을 위해 떠났어요. 즉, 출산 휴가 중이에요.

Check!

* Maternity - 어머니인 상태

타일러 Tip

휴가나 연차를 말할 때 'to be on leave'라는 표현을 많이 씁니다. 'leave'는 그냥 쉬는 게 아니라 특별한 이유가 있어서, 즉 다쳐서 병원에 있다거나 아이 입학식에 참석해야 한다거나 등등 이유가 있어서 자리에 없다는 느낌이 강하고, 실생활에서도 정말 많이 쓴다는 거 알아두세요.

'be + on leave' 혹은 'go + on leave'라고 할 때 'on leave'에서의 'leave'는 명사랍니다. 과거에 대해서 말한다고 'left'로 바꿀 필요가 없습니다.

184

나중에 갚을게요.

친구와 해외여행 가려고 이것저것 준비 중인데요. 친구가 괜찮은 투어 서비스를 발견했다고 연락했더라구요. 괜찮은 것 같은데, 제가 바로 결제할 수가 없어서 대신 좀 해달라고 하고 싶어요. 영어로는 어떻게 표현하면 좋을까요?

'I will pay back later.(나중에 갚을게요.)'

와우, 진짜 잘했어요. 한 단어만 빠졌네요.

한 단어? 'I will pay back later surely.(나중에 확실히 갚을게요.)'

음… 'Pay back'을 누구에게 하는 걸까요? 누구에게 갚는 건지 말하지 않으면 어색해요.

▶▶ 그래서, 타일러가 준비한 표현은?

184

I'll pay you back later.

* **해석** 나중에 갚을게요.

Check!

* I'll pay you back - 나는 당신에게 갚을게요
* Later - 나중에

타일러 Tip

동사로서 'pay back'은 단독으로 쓸 수 있는 표현이 아닙니다. 꼭 누구에게 갚는 건지를 밝히는 게 문법적으로 필요해요. 그리고 매우 비슷하지만 뉘앙스가 굉장히 다른 단어가 있어서, 오해를 주지 않기 위해서도 문법을 맞출 필요가 있는데요. '무엇을 누군가에게 갚는다'는 뜻으로 쓰이는 동사 'pay back'도 있지만, 띄어 쓰지 않고 붙여 쓰면 명사 'payback'이 됩니다. 이는 주로 'to get payback'이라고 표현하는데 '보복하다'나 '복수하다'라는 뜻이에요. 'I'll pay back'이라고 말하면 띄어쓰기도 안 보이고 누구에게 뭘 한다는 건지 몰라서 '나중에 돈을 갚겠다'는 건지 '나중에 복수를 하겠다'는 건지, 구분이 안 될 수도 있어요.

185

나잇값 좀 하세요.

바로 듣기

아내가 갑자기 커플링을 하자고 하는데, 신혼도 아니고 너무 뜬금없어서 “당신 나이가 몇 살이야? 나잇값 좀 해!” 이렇게 말해버리고 말았네요. 미안한 마음에 영어 표현이라도 알아가서 이야기하며 풀고 싶어요.

예전에 ‘지금 시간이 몇 신데, 당신 생각이 있나요?’ 이 표현 배웠었잖아. 그걸 응용해볼게. ‘Do you have any idea how old you are?(당신은 당신이 몇 살인지 알고 있나요?)’

쓸 수 있어요. 잘 응용했어요.

‘Can I ask how old you are?(몇 살인지 물어봐도 될까요?)’

Haha, 재밌는 표현이네요. 상대방을 놀리는 것 같은데, 접근은 좋았어요.

▶▶ 그래서, 타일러가 준비한 표현은?

185

Come on, how old are you?

* **해석** 이봐요, 나이가 몇 살이에요?

Check!

* Come on - 이봐요
* How old are you? - 나이가 몇 살인가요?

타일러 Tip

오늘 표현은 억양이 매우 중요합니다. 정확한 억양을 듣고 싶다면, 진미영 팟캐스트 185회를 참고해주시구요. 한심한 듯, 기가 막힌 듯, 말해주는 게 포인트겠죠. 또 문장 앞에 'Come on'이나 'Oh my god' 같은 감탄사를 갖다 붙이면 표현이 그만큼 더 풍부해집니다. 하지만 꼭 써야 하는 건 아니니까, 문장을 짧게 얘기하고 싶으면, 'How old are you?'만 억양을 잘 챙겨서 표현하면 돼요!

186

고급진 가요 가사 영어 (고가영)

* 가요의 영어 가사 중 표현이 잘못됐거나 어색한 부분을 찾아 고쳐보는 시간

- 크레용팝 <빠빠빠>

점핑 예 점핑 예 Everybody 점핑 예 점핑 다 같이 뛰어 뛰어
점핑 예 점핑 예 Everybody I don't want to stick at home now

영어 가사가 딱 한군데 나오네. 'I don't want to'까지는 좋은 것 같아. 왠지 'Stick'이 잘못됐을 것 같긴 한데, 뭐가 문제인지 모르겠어.

그럼, 가사를 직역해볼까요? 의도한 가사는 뭐였을까요?

'나는 지금 집에 있는 걸 원하지 않아요.'

맞아요. 그 가사가 되어야 하는데 '집에 있다', '집에 머물다'라고 하려면 어떤 단어가 들어가야 할까요?

▶▶ 그래서, 타일러가 준비한 표현은?

186

I don’t want to stay at home now.

*** 해석** 지금은 집에 있고 싶지 않아요.

Check!

* I don’t want - 나는 원하지 않아요
* To stay at home - 집에 머물기를
* Now - 지금

타일러 Tip

사실, ‘stick at home(집에 틀어박혀 있다)’을 써도 큰 문제는 없어요. 하지만 ‘stay at home’이 좀 더 자연스러운 표현이라는 거죠. 친구가 어디 가자고 하는데 따라가기 싫어 그냥 집에 있겠다고 할 때, ‘I think I’ll just stick at home’이라고 하면 됩니다.
참고로, 다른 방식으로 ‘stick’을 쓰기도 하는데요. 보통은 ‘around’와 함께 쓰는 게 일반적이에요. 예를 들어, 회식 자리에 잠깐 인사만 하러 들른 직원에게 가지 말라고 한 다음에 ‘Why don’t you stick around?(좀 더 머물다 가는 건 어때?)’라고 쓰는 거죠.

187

고급진 가요 가사 영어 (고가영)

: 비스트 <쇼크>

Every day I shock (shock) Every night I shock (shock)
I'm sorry 제발 내게 다시 돌아와줄래

영어 가사가 몇 개 없으니까, 이것도 눈치로 'Shock'을 바꿔야 할 것 같은데?

맞아요. 눈치가 끝내주네요. 가사의 의도를 잘 떠올려보세요.

'나는 매일 충격을 받는다, 매일 밤 충격을 받는다' 이런 의미인데, 'Shock'이라는 단어가 너무 강하니까, 'Surprise'를 써보는 건 어떨까?

동사 자체를 바꿀 필요는 없어요. 시제가 문제예요.

▶▶ 그래서, 타일러가 준비한 표현은?

187

Every day I'm shocked. Every night I'm shocked.

* **해석** 나는 매일 충격이에요. 매일 밤 충격이에요.

Check!

* Every day - 매일
* I'm shocked - 나는 충격 받았어요
* Every night - 매일 밤

타일러 Tip

그냥 'I shock'이라고 표현하면 '나는 뭔가를 감전시킨다, 나는 누군가를 놀래준다' 이런 뜻밖에 되질 않아요. 하지만 심리적으로 충격을 받아서 매일매일 힘들다면 '나는 충격 받았어', 즉 수동태가 되어야겠죠. 그래서 'I'm shocked'가 되는 겁니다.

188

고급진 가요 가사 영어 (고가영)

바로 듣기

: SES <I'm your girl>

나를 믿어주길 바래, 함께 있어 Cause I'm your girl. Hold me baby
너를 닮아가는 내 모습, 지켜봐줘 Stay with me last forever yeah

내가 좋아하는 노랜데, 가사가 완벽하지 않나?

정말 좋을 '뻔'했어요. 근데, 두 번째 줄 가사가 조금 어색해요.

너무 쉬운 문장들이라 다 맞는 말 같은데, 그럼 마지막 'Yeah'가 이상한가?

그건 아니구요. 전체적으로 크게 잘못된 건 없지만, 맥락을 잘 살펴보면 아주 조금 어색한 부분이 있습니다.

▶▶ 그래서, 타일러가 준비한 표현은?

188

Stay with me. Let us last forever.

* **해석** 내 곁에 있어줘요. 영원히 함께해줘요.

Check!

* Stay with me - 나와 함께 머물러줘요
* Let us last forever - 우리 영원히 함께해요

타일러 Tip

'last forever'만 쓰게 되면, 누가 주어가 되는지 정확치가 않아요. '나와 평생 함께하자'는 의미보다 '당신은 영원히 살아라' 이런 느낌의 표현이 될 수도 있는 거죠. 또 'Stay with me(내 곁에 머물러줘요)'가 명령문이기 때문에, 뒤 문장 역시 맥락상 명령문이 되어야 해요. 다시 말해 'Let us(Let this)'를 넣어서 명확하게 '무엇과 영원히 함께하자'는 의미가 들어가야 하는 겁니다. 그리고 조금 더 자연스럽게 하려면 'Let us'를 'Let's'로 줄여야겠죠?

189 고급진 가요 가사 영어 (고가영)

: 카라 <프리티걸>

If you wanna pretty every wanna pretty 안 된다는 맘은 노노노노
If you wanna pretty every wanna pretty 어디서나 당당하게 걷기

'Wanna'가 'Want to'를 줄여놓은 거잖아. 줄이지 말까?

아니에요. 'Wanna'라고 한 게 발음 면에서 가장 좋았어요. 문법적으로 생각해보세요.

'Pretty'가 형용사니까, 동사 뒤에 와야 하나?

맞아요. 아주 좋았어요.

▶▶ 그래서, 타일러가 준비한 표현은?

189

If you wanna be pretty, if everyone wants to be pretty.

* **해석** 만약 당신이 예뻐지길 원한다면, 만약 모든 사람들이 예뻐지길 원한다면.

Check!

* If you wanna be pretty - **만약 당신이 예뻐지기를 원한다면**

* If everyone wants to be pretty - **만약 모든 사람들이 예뻐지기를 원한다면**

타일러 Tip

영철 형이 말한 것처럼 'pretty'는 형용사라 'wanna be pretty'가 되어야 문법적으로 맞구요. 'everyone'은 3인칭이라 'want' 뒤에 's'를 붙여주는 겁니다. 그래야 문법적으로 완벽한 문장이 될 수 있어요.

190

고급진 가요 가사 영어 (고가영)

: 쿨 <아로하>

You're light of my life. You are the one in my life 내 모든 걸 다 잃는대도
후회하지 않아 오직 너를 위한 변하지 않는 사랑으로

'You are the ones'가 되어야 하나? 'One' 뒤에 's'를 붙이는 게 아닐까?

그쪽이 아니에요. 뒤 문장 영어는 완벽해요. 앞에 가사가 살짝 어색합니다.

'You're light of my life.(당신은 내 삶의 빛이야.)' 완벽한 문장 같은데? 도저히 모르겠어.

정말 그런 뜻이 될까요? 단어 하나가 살짝 빠졌는데?

▶▶ 그래서, 타일러가 준비한 표현은?

190

You're the light of my life. You are the one in my life.

* **해석** 당신은 내 삶의 빛이에요. 당신은 내 인생의 유일한 사람이에요.

Check!

* You're the light - 당신은 빛이에요

* Of my life - 내 삶의

* You are the one - 당신은 유일해요
* In my life - 내 삶 안에서

타일러 Tip

그냥 'You're light'라고 하면 전등일 수도 있고, 방안의 불빛일 수도 있고, 그 의미가 정확하지 않아요. 하지만 정관사 'the'를 붙이면 절대적인 빛이 되는 거죠. 뒤 문장 역시 'the one'이라고 하면 그냥 하나가 아니라 '유일한 하나'가 되는 거랍니다.

191

고급진 가요 가사 영어 (고가영)

: 성시경 <미소천사>

You make my heart keep pumping
I can't stop myself loving you

'You make my heart keep pumping.' 당신은 내 심장을 계속 펌프질하게 만들어요. 'Pumping' 말고 다른 단어를 써야 하나?

아니에요. 이 표현은 좋아요. 틀린 부분이 없어요.

그럼 다음 문장인데, 혹시 'Stop loving' 사이에 있는 'Myself'를 빼야 할까?

물론 그렇게 해도 정답입니다. 하지만 이미 'Myself'가 들어가 있으니까 'Myself'를 쓰려면 뭐가 필요할까요? 그걸 생각해보세요.

▶▶ 그래서, 타일러가 준비한 표현은?

191

Can't stop myself from loving you.

* **해석** 내가 당신을 사랑하는 걸 멈출 수 없어요.

Check!

* Can't stop myself - 나 자신을 말릴 수 없어요
* From loving you - 당신을 사랑하는 것으로부터

타일러 Tip

'from'이 빠진 'Can't stop myself loving you'는 경우에 따라 두 가지 의미로 해석할 수 있어요. '당신을 사랑하고 있는데 사랑을 멈출 수 없다'인지 '사랑하는 것을 말릴 수 없다'인지, 헷갈릴 수 있어요. 'stop + 사람 from ~ing' 구조를 조금 더 살펴보죠.

- I can't stop myself from eating junk food. = 나는 정크푸드 먹는 걸 멈출 수 없어요.
- I can't stop you from drinking. = 당신이 술 마시는 걸 말릴 수가 없네요.
- I can't stop her from studying. = 나는 그녀가 공부하는 걸 막을 수가 없어요.

192

와, 아까워서 못 먹겠어요.

남편 출장 때문에 미국에 와서 현지 엄마들과 'Potluck party'를 했는데요. 한 엄마가 너무 예쁜 쿠키를 구워 왔더라구요. 아까워서 못 먹겠다는 말을 해주고 싶었어요.

'I want to save this.(난 이걸 저장해두고 싶어.)'

그렇게 말하고 싶으면 'I want to keep this'라고 하는 게 맞는 표현이겠죠. 'Save'를 쓰면, 나중에 먹기 위해 보관해두고 싶다는 뉘앙스예요. 그것보단 먹기엔 너무 아깝다고 말하는 게 더 좋아요.

'What a waste.(아깝다.)'

하하. 이 문장의 뜻은, '재료를 왜 이런 걸 만드는 데 쓰셨어요?' 하는 느낌이에요.

▶▶ 그래서, 타일러가 준비한 표현은?

192

Wow, they're too pretty to eat.

*** 해석** 와우, 먹기에는 너무 예뻐요.

Check!

* They're too pretty - 그것들은 너무 예뻐요

* To eat - 먹기에는

타일러 Tip

쿠키나 음식이 딱 하나면 'they' 대신 'it'을 쓰면 됩니다. 참고로, 'potluck party'는 영화나 미드에서 많이 봤을 거예요. 각자 집에서 요리를 해서 한 가지씩 음식을 가져오는 파티를 말한답니다.

193

죄송한데, 발로 차지 않게 주의 좀 해주세요.

바로 듣기

기차를 타고 가는데, 제 뒷자리에 앉은 외국인 아저씨가 의자를 발로 툭툭 차더라구요. 다리가 길어서 그런 것 같긴 한데, 이럴 때 정중하게 뭐라고 말을 해야 하나요?

'Excuse me, do not touch my seat.(실례지만, 제 의자 만지지 마세요.)'

'Excuse me'를 먼저 쓴 건 좋았어요. 근데 뒤 문장을 보면 '제 자리는 건들지 마세요!' 이런 의미예요. 한국어로 표현해도 좀 무례하죠?

'Would you focus on your seat?(당신 자리에 집중해주실래요?)'

하하하, 완전히 새로운 표현이네요. 너무 재밌지만, 정답은 아닙니다.

▶▶ 그래서, 타일러가 준비한 표현은?

193

Excuse me, you're kicking my seat.

* **해석** 실례지만, 제 자리를 차고 있네요.

Check!

* Excuse me - 실례합니다
* You're kicking - 당신은 차고 있네요
* My seat - 내 의자를

타일러 Tip

미국에서는 상대방에게 직접적으로 '-하라', '-하지 마라' 이런 말을 하지 않아요. 상대가 눈치챌 기회를 먼저 줘야겠죠. 가끔은 뒷사람이 자기가 발로 차고 있다는 걸 자각하지 못하고 있을 수도 있는데, 대놓고 '차지 마세요'라고 하면 무안할 수도 있으니까요. 상대방이 죄송해 할 기회를 먼저 주는 거… 엄밀히 말하면, 1차 경고인 겁니다.

194

저기요, 내릴 때가 됐어요.

바로 듣기

출퇴근길 버스에서 항상 마주치는 외국인이 있는데요. 항상 마주치니까 눈인사 정도는 나누는 사이가 됐는데, 한번은 내릴 역이 다 됐는데도 졸고 있더라구요. 깨워줘야 하는데, 뭐라고 말을 해야 할까요?

'Excuse me, you're about take off.(저기요, 당신은 곧 출발하실 거예요.)'

'Take off'? 이륙한다구요? 'Take off'는 비행기처럼 갑자기 자리에서 떠서 다른 곳으로 가는 걸 의미해요.

'Excuse me, wake up.'

'Wake up'은 좋았어요.

▶▶ 그래서, 타일러가 준비한 표현은?

194

Hey, wake up. It's your stop.

* **해석** 저기요, 일어나세요. 내릴 곳이에요.

Check!

* Hey - 이봐요
* Wake up - 일어나세요
* It's your stop - 당신의 정거장이에요. 즉, 내릴 곳이에요

타일러 Tip

지하철을 타고 있다가 깨울 땐 'It's your station'을 써도 되지만, 버스든 지하철이든 다 쓸 수 있는 표현이 'It's your stop'이에요.
또 일어나라고 할 때, 'get up'보다 'wake up'이 더 좋아요. 'get up'은 몸을 일으킨다는 뜻으로, 잠들어 있는 상태나 깨어 있는 상태에 모두 쓸 수 있는 표현이에요. 하지만 'wake up'은 확실히 잠에서 깨라는 뜻입니다.

195

하늘이 노래지는 줄 알았어요.

바로 듣기

가족들과 캐나다 여행을 갔는데, 한국에서 호텔 예약을 미리 해뒀거든요. 근데 현장에 가니 예약이 안 되어 있는 겁니다. 순간 하늘이 노래지는 줄 알았는데, 어떻게 잘 해결했네요. 근데 혹시 영어에도 하늘이 노래진다는 표현이 있나요?

'Sky turn to yellow.(하늘이 노랗게 변하다.)'

이렇게 말하면, 하늘을 쳐다볼 뿐 무슨 말을 하는 건지 의미는 모를 거예요.

'I can't see anything. I'm totally black out.(아무것도 못 봐요. 다 깜깜해졌어요.)'

정확한 표현이 되려면 'I can't see anything. I totally blacked out'이라고 해야겠죠. 근데 이 표현은 오늘 상황과 안 맞는 것 같아요. 아무것도 안 보이고 기절했다거나, 아무것도 못 보고 필름이 끊겼다는 뜻이거든요.

▶▶ 그래서, 타일러가 준비한 표현은?

195

It was like the end of the world.

* **해석** 세상이 끝나는 것 같았어요.

Check!

* It was like - ~같았다
* The end of the world - 세상의 끝

타일러 Tip

한국에서는 '하늘이 노래지다, 눈앞이 깜깜해지다' 등등 색깔의 변화로 상황을 설명하는 표현이 많은데, 미국에서는 세상의 종말에 비유하는 게 더 일반적이에요. 비슷한 표현으로 'It felt like the end of the world'가 있습니다.

'world'와 'word'를 두고 간혹 발음의 차이를 물어보는 분들이 있는데요. 'world'는 [워을드]로 가운데 'l'을 꼭 발음하는 느낌으로 말하고, 'word'는 [워드]로 분명 차이가 있습니다. 두 단어의 정확한 발음 차이는, 진미영 팟캐스트 195회를 참고하세요.

복습하기

181 ~ 195

- 오늘 밤 달 보고 꼭 소원 비세요.
- 세금 포함인가요?
- 그녀는 출산 휴가 중이에요.
- 나중에 갚을게요.
- 나잇값 좀 하세요.
- [고가영] 지금은 집에 있고 싶지 않아요.
- [고가영] 나는 매일 충격이에요. 매일 밤 충격이에요.
- [고가영] 내 곁에 있어줘요. 영원히 함께해줘요.
- [고가영] 만약 당신이 예뻐지길 원한다면,
  만약 모든 사람들이 예뻐지길 원한다면
- [고가영] 당신은 내 삶의 빛이에요.
  당신은 내 인생의 유일한 사람이에요.
- [고가영] 내가 당신을 사랑하는 걸 멈출 수 없어요.
- 와, 아까워서 못 먹겠어요.
- 죄송한데, 발로 차지 않게
  주의 좀 해주세요.
- 저기요, 내릴 때가 됐어요.
- 하늘이 노래지는 줄 알았어요.

복습하기 181 ~ 195

- Make sure you make a wish on the moon tonight.
- Is tax included?
- She's on maternity leave.
- I'll pay you back later.
- Come on, how old are you?
- I don't want to stay at home now.
- Every day I'm shocked. Every night I'm shocked.
- Stay with me. Let us last forever.
- If you wanna be pretty, if everyone wants to be pretty.
- You're the light of my life. You are the one in my life.
- Can't stop myself from loving you.
- Wow, they're too pretty to eat.
- Excuse me, you're kicking my seat.
- Hey, wake up. It's your stop.
- It was like the end of the world.

196

너 참 적극적이다.

바로 듣기

저희 과에 러시아에서 온 친구가 있는데요. 타국에 와서 힘들 법도 한데 소모임도 만들고, 사람들과도 잘 지내는 걸 보니까 참 적극적이라는 생각이 들더라구요. 그 느낌을 영어로 말해주고 싶은데, 어떤 표현이 좋을까요?

'You're active.(너 활동적이다.)'

'Active'는 움직임이 많다는 뜻이에요. 주로 신체적인 걸 말해요. 등산도 하고, 스포츠 활동도 하고, 아침 일찍 일어나고… 그런 느낌인 거죠.

'You're proactive.(너 주도적이다.)'

맞는 표현이지만, 'Proactive'는 쓰임이 제한적일 때가 많아요. 적재적소에 쓰려면 한 번에 아우르는 표현이 필요하겠죠?

▶▶ 그래서, 타일러가 준비한 표현은?

196

You're so outgoing.

* **해석** 정말 외향적이네요.

Check!

* You're so - 당신은 매우
* Outgoing - 외향적인, 사교적인

타일러 Tip

한국에서는 'active/ proactive/ outgoing' 이 세 가지가 모두 같은 뜻이라고 생각하는 경우가 많아요. 하지만 그 차이를 보면, 쓰는 상황과 뉘앙스가 조금씩 달라요.

- active: 주로 신체적인 것. 실제로 몸을 많이 움직이고 옮겨 다니면서 활동을 많이 한다는 의미.
- proactive: 기회를 잡는 데 적극적이고, 본인이 할 일이나 하고 싶은 일을 반드시 해내는 사람에게 많이 씀.
- outgoing: 새로운 사람을 만나려 하고, 남이 어색해 할 상황에서 먼저 어색함을 깨거나 남이 안 하는 것을 먼저 하려고 하는 성격에 씀.

197

내면을 씻어낸 것 같아요.

바로 듣기

타일러가 예전에 포르투갈에 다녀온 프로그램을 봤는데, "내면을 씻고 온 것 같은 느낌이 들어요" 이런 말을 하더라구요. 외국인이 저런 말을 하다니 정말 놀랐습니다. 영어로는 이 표현, 어떻게 바꾸나요?

새사람이 됐다는 느낌이니까, 'I feel like a new man.(새로운 사람이 된 기분입니다.)'

좋아요. 이렇게 접근하는 게 좋아요.

'I feel rejuvenate.(나는 다시 젊어지는 기분이야.)'

'Rejuvenated'를 써야겠죠? 근데 'Rejuvenate'라는 단어를 쓰면 맥락이 달라지는 것 같아요.

▶▶ 그래서, 타일러가 준비한 표현은?

197

I feel like I've cleansed my inner self.

* **해석** 내면이 깨끗해진 것 같은 느낌이에요.

Check!

* I feel like - 나는 ~하는 기분이에요
* I've cleansed - 나는 깨끗하게 했어요
* My inner self - 나의 내면

타일러 Tip

사연을 주신 분은 'Purify my inner side(나의 안쪽을 정화해줘)'를 쓸 수 없냐고 질문했는데, 'inner side'는 '사람의 내면'보다는 '물건의 안쪽'을 뜻하는 말이에요. 아무래도 'side'라는 단어 때문에 그럴 거예요. 정신적인 면까지 생각한다면 'inner self'라고 표현하는 게 좋겠죠. 혹은 'soul(정신)'을 써도 되니 참고하세요.

198

새 상품으로 받을 수 있나요?

바로 듣기

미국 여행 중에 아웃렛 쇼핑을 갔는데, 가판대에 있던 옷 말고 새 상품으로 받고 싶더라구요. 새 상품을 달라고 했더니 점원은 옷에 문제가 있는 줄 알던데, 이럴 땐 뭐라고 하면 좋을까요?

'Can I take new one?' 혹은 'Can I have new one?(새로 하나 살 수 있을까요?)'

근데 미국에서는 이렇게 물어보는 게 일반적이지 않아요. 대다수가 가판대에 있는 걸 사 가는데, 새 물건을 달라고 하면 이해를 못할 거예요. 그래서 전시된 거 말고, 아예 창고에 있는 걸 달라고 말해야 할 거예요.

'Can I get from the 창고?(창고로부터 얻을 수 있나요?)'

'창고' 빼고, 오늘 표현에 필요한 단어는 거의 다 들어갔어요.

▶▶ 그래서, 타일러가 준비한 표현은?

198

Could I get a new one of these from the back?

* **해석** 뒤에 있는 걸로 새로 살 수 있을까요?

Check!

* Could I get - 얻을 수 있을까요?
* A new one of these - 이런 것 중에 새로운 것
* From the back - 뒤로부터

타일러 Tip

'창고'라는 단어를 옷 가게에서는 안 써요. 'front desk'가 손님을 대하는 곳이면, 반대로 'back'은 데스크의 반대편, 즉 창고를 의미하겠죠? 예를 들어 'back stage' 역시 무대 뒤편, 댄서의 뒤, 이런 느낌입니다. 참고로, 오늘 표현과 비슷한 의미로 쓸 수 있는 말이 있어요.

- Do you have one of these in the back that hasn't been opened yet? = 뒤에 아직 열지 않은 것이 있습니까?

199

그 식당 예약제로 바뀌었어요.

바로 듣기

외국인 친구를 만나 뭐 먹을까 고민하는데, 그 친구가 가보고 싶은 식당이 있다고 하더라구요. 보니까, 예약제로 바뀐 곳이라 당장 갈 수 있는 곳이 아니었는데, 예약제라는 말을 어떻게 표현해야 할지 난감했습니다.

'The restaurant has change to reservation system.(그 식당은 예약 시스템으로 바뀌었어.)'

무슨 뜻인지 알아듣긴 하는데, 문법도 표현도 좀 부자연스러워요.

'You can't order, if you go restaurant.(식당에 가도 주문할 수 없어.)'

이 말은 '식당에 가면 주문 못 한다' 이런 뜻이라서 오늘 상황과 맞지 않죠?

▶▶ 그래서, 타일러가 준비한 표현은?

199

They take reservations now.

＊해석 그들은 지금 예약을 받아요.

Check!

＊ They take reservations - 그들은 예약을 받는다

＊ Now - 이제

타일러 Tip

비슷한 표현으로 'You have to make reservations there now(지금 그곳에 예약을 해야 합니다)'를 쓸 수 있구요. 오직 '예약만' 받는 곳이 있다면 'They only take reservations(그들은 오직 예약만 받습니다)'와 같이 'only'를 추가하면 됩니다.

200

그쪽 신발 끈 풀렸어요.

바로 듣기

헬스장에서 항상 마주치는 외국인이 있는데, 신발 끈이 풀린 채 운동을 하더라구요. 위험할 것 같아서 신발 끈 풀렸다는 말을 해주고 싶었는데 보디랭귀지밖에 해줄 수가 없었네요.

'Excuse me, your shoe string is loose.(실례지만, 신발 끈이 헐렁해요.)'

아직 신발 끈이 묶여는 있는데 헐렁하다는 거죠? 풀렸다는 걸 표현해줘야죠.

'Your shoe strings are untied.(당신의 신발 끈이 풀렸어요.)'

아주 좋아요. 근데 'Shoe strings'나 'Shoelaces'는 조금 옛날식 표현처럼 들려요. 더 간단하게 표현할 수 있습니다.

▶▶ 그래서, 타일러가 준비한 표현은?

200

Your shoes are untied.

* **해석** 당신의 신발 끈이 풀렸어요.

Check!

* Your shoes are - 당신의 신발 끈이
* Untied - 풀렸다

타일러 Tip

'shoelaces'라고 굳이 말을 안 해도 돼요. 신발이 풀렸다고 하면, 신발 자체가 풀릴 수 없기 때문에 맥락상 당연히 끈을 말하는 거겠죠? 그래서 영어로 말할 때는 'laces'나 'strings'를 생략하게 됩니다.
근데 신발 끈 중 한쪽만 풀린다면요? 그러면 복수형을 단수형으로 바꿔야 한다고 생각하겠죠? 그렇게 표현하면 'Your shoe is untied'라고 하는 거 아니냐고 묻는데, 이렇게 또박또박 천천히 말하는 사람은 없어요. 'Your shoe's untied'나 'Your shoes are untied'는 매우 비슷하게 들린다는 거죠. 이 때문에 한쪽 신발 끈이 풀려도 'Your shoes are untied'를 쓴답니다. 많은 사람들이 말하는 대로 그냥 복수로 'Your shoes are untied'를 기억해두는 게 좋겠죠?

201

이제 귀가 열렸네요.

한국 직원들끼리 수다를 떨고 있는데, 외국인 직원이 대충 알아듣더라구요. 너무 대견해서 "너 이제 귀가 열렸구나!"라고 한마디 해줬는데, 영어 표현도 궁금해요.

'Your ears are open.(너의 귀가 열렸구나.)'

귀가 열렸다는 건 진짜 귀가 열린 게 아니라, 이해력이 높아졌다는 의미죠.

'You can listen everything.(넌 모든 것을 들을 수 있네.)'

'Listen'은 듣는 것에만 국한돼 있죠. 오늘 상황은 듣는 것뿐만 아니라, 이해를 하고 있다는 의미예요.

'You understand everything.(넌 모든 걸 이해하네.)'

잘했어요. 깜짝 놀란 억양으로 말한다면, 오늘 상황에서 쓸 수 있어요.

▶▶ 그래서, 타일러가 준비한 표현은?

201

You're starting to get it.

* **해석** 당신은 이제 알아듣기 시작했네요.

Check!

* You're starting - 당신은 시작하고 있네요
* To get it - 알아듣다, 이해하다

타일러 Tip

누군가가 오늘 표현을 나에게 쓴다면, 대답은 'Yes, I'm starting to get it(맞아요, 저 알아듣기 시작했어요)'라고 하면 되겠죠. 오늘 표현 외에도 'You're getting the hang of it(당신은 요령을 터득하고 있네요)', 이 표현도 쓸 수 있습니다.

202

여기 물 좋아요.

바로 듣기

과 친구들과 홍대 앞으로 놀러 갔는데요. 외국인 친구가 왜 굳이 홍대까지 왔냐고 묻길래, "여기가 물이 좋아~"라고 말해주고 싶었어요. 설마… "Water is good"은 아니겠죠?

'Water is good today!'라고 하면 알아듣지 않을까?

오늘 물 마시기 좋은 날이라고 생각할 것 같아요.

'This is a hot place. Atmosphere is really good here.(여기가 핫 플레이스야. 여기 분위기 진짜 좋아.)'

'Hot place'를 쓴 표현이 더 좋았어요. 근데 'Hot place'라고 하면 붐벼야 해요. 사람이 많고, 시끌벅적한 느낌인데… 물이 좋다는 건, 분위기가 좋을 수도 있고 음식이 좋을 수도 있고, 다양한 느낌이 있는 거죠?

▶▶ 그래서, 타일러가 준비한 표현은?

202

This is where it's at.

* **해석** 여기가 아주 인기 있는 곳이에요.

Check!

* Where it's at - 모든 일이 벌어지는 곳(아주 인기가 있거나 유행하는 곳)

타일러 Tip

오늘 표현에서 'it'은 '인기 있는 것', '분위기 있는 것', '좋은 것'을 말해요. 전치사 'at'으로 끝나는 문장은 문법적으로 맞지 않지만, 미국에서는 흔히 쓰는 표현입니다. 예를 들어 친구가 파티를 열었는데 파티가 너무 재밌을 때 오늘 표현을 쓰면 어떨까요?

- Hey, this is where it's at. = 이봐, 여기 분위기 정말 좋아.

203

추위를 많이 타요.

제가 추위를 많이 타는데 저희 애도 그래요. 그래서 봄이 왔는데도 한겨울 옷을 입혀 유치원에 보냈더니, 원어민 선생님이 어디 아프냐고 묻네요. 그럴 때, 저희가 추위를 많이 탄다는 말, 어떻게 하면 좋을까요?

'I hate a winter.(나는 겨울이 싫어.)'

이렇게 말하면, 겨울이라는 계절이 싫다는 거예요.

'I'm tired of winter.(난 겨울이 지긋지긋해.)'

이 표현도 빨리 겨울이 끝났으면 좋겠다는 의미만 담고 있지, 추위를 탄다는 의미는 없어요.

'I'm not a winter person.(나는 겨울 체질이 아니야.)'

우와, 엄청 괜찮은 표현이에요. 추위를 타기 때문에 겨울이 내 체질에 맞지 않다는 뉘앙스예요. 제가 준비해온 표현은 아니지만, 틀리거나 부자연스러운 표현이 아닙니다. 정말 대단해요! 깜짝 놀랐어요!!

▶▶ 그래서, 타일러가 준비한 표현은?

203

I can't stand the cold.

* **해석** 나는 추운 걸 못 견뎌요.

Check!

* I can't stand - 나는 견디기가 힘들어요
* The cold - 추위

타일러 Tip

일반적으로 'stand'는 '서다, 일어서다'라는 의미가 있지만, 'to stand'라고 하면 '견디다'라는 뜻이 돼요. 그럼, 오늘 표현을 응용해서 '난 더운 걸 못 참아'가 되려면 'I can't stand the heat'이 되겠죠. 참고로, 사람에 대해 표현할 때도 쓸 수 있어요.

- I can't stand him. = 그 사람을 못 견디겠어.
- I can't stand school. = 나는 학교 가는 걸 못 견디겠어.

잘 타일러야죠.

바로 듣기

꾸중 듣는 동생을 보면, 부모님께 "무작정 야단 치기보단 잘 타일러야 하지 않을까요?"라고 말해주고 싶은데 불똥이 저한테 튈까봐 말은 못하겠고… 영어 표현이 궁금하네요.

'You have to persuade him.(그를 설득부터 하셔야죠.)'

설득을 한다는 건 어떤 목적이 있는 행동이죠. 하지만 타이르는 건 그냥 이해시키는 거니까, 설득과 타이르는 건 분명 다른 얘깁니다.

'He doesn't understand so you have to explain it easily.(그가 이해를 못하는 것 같은데, 당신이 쉽게 설명을 해야 해요.)'

진짜 좋은 시도예요. 길게 풀어서 잘 표현하긴 했는데, 타이른다는 뉘앙스가 담겨 있진 않아요.

▶▶ 그래서, 타일러가 준비한 표현은?

204

You have to reason with them.

* **해석** 그들과 논리적으로 대화를 나눠야 해요.

Check!

* You have to - 해야 한다
* To reason - 논리적으로 이야기하다
* With them - 그들과

타일러 Tip

오늘 표현에서 'reason'은 '이유'가 아니라 '논리'나 '이성'을 뜻하는 단어예요. 'to reason with ○○'이라고 하면, 말로써 왜 그랬는지 일일이 대화를 통해 풀어가고 이해시키는 행동을 말합니다. 이해시키는 걸 목적으로 하고, 논리적으로 말하는 표현이 'to reason with ○○'이라는 거, 기억해두세요.

205

일장일단(一長一短)이 있어요.

친한 언니에게 고민 상담을 했더니, 뭐든 좋은 게 있으면 나쁜 것도 있기 마련이라며 일장일단이 있다고 하는데, 그게 또 위로가 되더라구요. 일장일단, 영어 표현도 있을까요?

'It has good point and bad point.(좋은 포인트와 나쁜 포인트가 있어요.)'

문장 구조는 좋은데, 'Good point, Bad point' 말고 다른 표현이 있어요. 잘 생각해보세요.

'You win some, you lose some.(이기기도 하고, 지기도 하는 거지.)'

오늘 상황과는 전혀 다른 의미죠? 이기고 지는 게 아니라, 장단점을 말해야 해요.

▶▶ 그래서, 타일러가 준비한 표현은?

205

There's always pros and cons.

* **해석** 항상 장점과 단점이 있어요.

Check!

* There's always - 항상 있어요
* Pros and cons - 장점과 단점

타일러 Tip

'pros and cons'는 라틴어에서 나온 표현입니다. 'pro'가 '지지, 찬성'의 뜻이라면, 'con'은 '반대'라는 의미가 있는 단어예요. 그래서 '찬성과 반대' 혹은 '장점과 단점'으로도 쓰는 관용구입니다. 예를 들어, 전자 제품 매장에 컴퓨터를 사러 온 손님이 뭐가 좋은 부분이고 뭐가 좀 미흡한 부분인지 물어볼 수 있어요. 이때 'OO'이 장점이고 'XX'이 단점이라고 말할 수 있는데, 다음과 같이 말하면 된답니다.

- OO is a pro, but XX is a con.

206

7전4선승제예요.

야구나 농구 경기를 보다 보면, 일곱 게임 중 네 번을 먼저 이기면 된다는 뜻의 '7전4선승제'라는 용어가 나오잖아요. 영어에도 이런 표현이 있을까요? 그냥 쭉 풀어서 설명해야 하나요?

'You must win four games.(너는 네 게임을 이겨야만 해.)'

네 번을 이겨야 한다는 의미는 들어가 있지만, 일곱 게임 중에 네 번이라는 표현이 부족하네요.

'You have to win four games out of seven.(일곱 번 가운데 네 번을 이겨야 합니다.)'

풀어서 설명한 거니까, 맞는 표현이에요. 근데 좀 길죠? 좀 더 줄일 수 있어요.

▶▶ 그래서, 타일러가 준비한 표현은?

206

It's four out of seven.

*** 해석** 일곱 개 중 네 개예요.

Check!

* 4 out of 7 - 7분의 4

타일러 Tip

영철 형이 시도한 것처럼 길게 풀어서 설명할 수도 있지만, 이미 야구에 대해 이야기하고 있는 중이었으니까 굳이 'game', 'win' 이런 단어를 쓸 필요가 없어요. 영어에서는 최대한 짧게, 필요한 말만 경제적으로 말하는 경향이 있어요. 오늘 표현들, 응용 좀 해볼까요?

- It's three out of five. = 5전3선승제예요.
- Let's play for two out of three! = 3전2선승제로 하자!

207

사진은 어디에 쓸 건가요?

바로 듣기

사진관에서 일하는데, 가끔 외국인 손님도 온답니다. 짧게나마 영어로, 사진은 어디에 쓸 건지 물어보고 싶은데 좀 알려주세요.

'What it's for?(그것은 무엇을 위한 거죠?)'

제가 준비한 표현과 단어는 다 맞는데, 조합이 조금 달라요. 다시 한 번 해보세요!

'For what it's?' 아니면 'What for it's?'

아이고, 형~ 질문할 때 쓰는 영어의 어순을 잘 생각해보세요!

▶▶ 그래서, 타일러가 준비한 표현은?

207

What's it for?

* **해석** 무엇을 위한 거죠?

Check!

* What is it - 그것은 무엇인가요?
* For - 위한

타일러 Tip

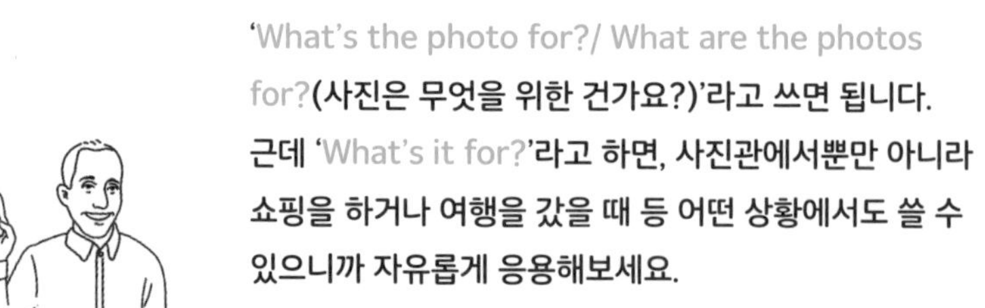

사진관에 온 외국인에게 오늘 표현을 좀 더 자세히 말하려면 'What's the photo for?/ What are the photos for?(사진은 무엇을 위한 건가요?)'라고 쓰면 됩니다. 근데 'What's it for?'라고 하면, 사진관에서뿐만 아니라 쇼핑을 하거나 여행을 갔을 때 등 어떤 상황에서도 쓸 수 있으니까 자유롭게 응용해보세요.

208

이미 눈치챘겠지만…

상담을 하는데, 공부는 잘되는지 남친은 없는지 이런 질문을 계속 받았어요. 딱 봐도 못 하는 게 보일 텐데, 왜 물어볼까 싶더라구요. 그럴 때 "눈치채셨겠지만…" 이런 말로 시작하잖아요. 영어에도 비슷한 말이 있을까요?

'I think you know me….(내 생각에 나를 알 것 같은데….)'

'Know'를 쓴 건 좋았어요. 근데, 'I think'를 꼭 쓸 필요가 있을까요?

'Maybe you know me….(아마 너도 나를 알 텐데….)'

하하, 이성에게 작업 거는 멘트 같아요. '너 나 알지 않아?' 이런 느낌이네요.

▶▶ 그래서, 타일러가 준비한 표현은?

208

You probably already know but…

* **해석** 당신은 아마 이미 알겠지만…

Check!

* You probably - 당신은 아마도
* Already know - 이미 알아요

타일러 Tip

오늘 표현을 실생활에서 쓰려면, 문장 맨 앞에 놓고 빨리 말을 해야 해요. 진짜 하고 싶은 말은 내뱉기 전에 입을 떼는 느낌인 거죠.
실제로 'probably'를 발음하면 [프라버블리]가 되지만, 줄여서 [프라블리]로 발음해도 된다는 거, 기억해두세요.

209

갑자기 생각났는데요.

친구와 이야기하다가, 갑자기 다른 생각이 날 때가 있잖아요. 그럴 때 "맞다, 갑자기 생각났는데…" 이러면서 말을 하는데, 영어에도 이런 상황이 있을까요?

'Out of the blue'가 '갑자기, 난데없이' 이런 뜻이니까, 'It comes from out of the blue.' 어때?

접근은 좋았어요. 근데 'Out of the blue'라는 표현을 쓰긴 하지만, 어떤 생각이 갑자기 났다고 이야기할 때는 잘 안 써요. 보통 일이 갑자기 벌어졌거나 전혀 상관없는 이야기를 누군가가 불쑥 던질 때 쓰는 표현이에요.

'I have pop-up question.(갑자기 튀어나온 질문이 있어요.)'

갑자기 생각이 난 거지, 질문이 있는 건 아니죠? 'Question'은 아니에요.

▶▶ 그래서, 타일러가 준비한 표현은?

209

I just had a thought.

*** 해석** 나 방금 생각이 났어요.

Check!

* I just had - 나 방금 있었어요

* A thought - 생각

타일러 Tip

대화를 나누다가 갑자기 아이디어가 생각나면, '엇! 갑자기 생각난 건데…'라고 말할 때 쓸 수 있는 표현이에요. 'I just had a thought'라고 먼저 운을 뗀 뒤에, 다음 문장에 금방 생각난 내용을 공유하면 되는 거죠.

210

뭐가 들어가나요?

바로 듣기

못 먹는 음식이 있는 건 아닌데, 버섯을 싫어해요. 그래서 버섯 들어간 건 잘 안 먹게 되는데, 여행지에서 음식 안에 뭐가 들어가는지 물어보고 싶을 땐 어떻게 하면 될까요?

'What is the main ingredient?(메인 재료가 뭔가요?)'

식당에서 이 질문을 하면 이상하게 볼 수 있어요. 파스타를 시켜놓고 주재료가 뭔지 묻는 거니까, 그럼 대답은 당연히 '파스타!'라고 말할 겁니다.

'What is in the pot?(냄비 안에 무엇이 있나요?)'

냄비를 '그것'으로 바꾸면 완벽한 문장이 되는데… 갑자기 냄비 얘기는 왜 꺼냈어요?

▶▶ 그래서, 타일러가 준비한 표현은?

210

What's in it?

* **해석** 무엇이 들어 있나요?

Check!

* What is in - 안에 무엇이 있나요?

타일러 Tip

좀 더 구체적으로 묻고 싶을 땐, 다음과 같이 말하면 됩니다.

- What's in the pasta? = 파스타 안에 무엇이 들어가나요?
- Are there mushrooms in it? = 버섯이 들어가나요?

복습하기

196 ~ 210

- 너 참 적극적이다.
- 내면을 씻어낸 것 같아요.
- 새 상품으로 받을 수 있나요?
- 그 식당 예약제로 바뀌었어요.
- 그쪽 신발 끈 풀렸어요.
- 이제 귀가 열렸네요.
- 여기 물 좋아요.
- 추위를 많이 타요.
- 잘 타일러야죠.
- 일장일단(一長一短)이 있어요.
- 7전4선승제예요.
- 사진은 어디에 쓸 건가요?
- 이미 눈치챘겠지만…
- 갑자기 생각났는데요.
- 뭐가 들어가나요?

복습하기

196 ~ 210

- You're so outgoing.
- I feel like I've cleansed my inner self.
- Could I get a new one of these from the back?
- They take reservations now.
- Your shoes are untied.
- You're starting to get it.
- This is where it's at.
- I can't stand the cold.
- You have to reason with them.
- There's always pros and cons.
- It's four out of seven.
- What's it for?
- You probably already know but…
- I just had a thought.
- What's in it?

211

카드 충전이 필요합니다.

바로 듣기

버스를 타고 가는데, 외국인 관광객이 교통 카드를 대는 것까진 좋았으나 잔액이 부족하다는 멘트가 나오더라구요. 무슨 말인지 몰라 난감해 하는 외국인에게 알려주고 싶었어요.

'Your card is hungry.(당신의 카드는 배가 고파요.)'

귀엽네요. 이해는 될 것 같지만, 정확한 표현은 아니죠? 카드를 의인화하는 건 안 어울려요.

'You need to recharge transportation card.(교통 카드를 다시 충전할 필요가 있네요.)'

'Your'을 'transportation card' 앞에 붙이면 맞는 표현이에요. 근데 너무 길죠? 조금만 줄여볼까요?

▶▶ 그래서, 타일러가 준비한 표현은?

211

You need to charge your card.

*** 해석** 당신의 카드를 충전할 필요가 있네요.

Check!

* You need to charge - 충전이 필요합니다
* Your card - 당신의 카드

타일러 Tip

비슷하게 쓸 수 있는 표현으로 'You have to charge your card'가 있습니다. 오늘 표현에서 쓴 'need to'는 '필요하다'는 뜻이고, 충전을 '해야 한다'는 뉘앙스로도 쓸 수 있으니까 'have to'를 써도 됩니다. 근데 간혹 교통 카드를 찍으면 기계에서 '잔액이 부족합니다'라고 말을 할 때가 있잖아요. 그때 쓰는 표현 중에 'Insufficient funds (부족한 자금)'라는 말이 있어요. 인터넷 사이트에서 결제를 하려고 할 때 잔액이 부족할 시 인터넷 창에 뜨는 말이기도 하니까, 기억해두세요!

212

자율 복장입니다.

서류 전형을 통과하고 면접을 앞두고 있는데요. 공지 사항을 보니까 자율 복장이라고 되어 있더라구요. 함께 시험 본 외국인 친구에게도 자율 복장이란 걸 설명해줘야 하는데, 어쩌죠?

'Dress code is unlimited.(드레스 코드는 무제한입니다.)'

듣기만 했을 땐, 이번에 입을 의상이 모두 한정판이어야 할 것 같아요. 'A limited edition'이 한정판이란 뜻인데, 발음이 비슷하니까요.

정장이 아니고 편하게 입으라는 거니까, 'You have to wear casual.(캐주얼 차림을 하셔야 합니다.)'

'Casual(캐주얼)' 역시 드레스 코드라고 할 수 있죠. 하지만 오늘 표현은 복장에 제한이 없는 겁니다.

▶▶ 그래서, 타일러가 준비한 표현은?

212

You can wear whatever you want.

* **해석** 당신이 원하는 것은 무엇이든 입을 수 있어요.

Check!

* You can wear - 당신은 입을 수 있습니다
* Whatever you want - 당신이 원하는 무엇이든

타일러 Tip

'드레스 코드'라는 단어를 꼭 쓰고 싶으면, 'There is no dress code(복장 코드는 없어요)'를 쓰면 됩니다. 또 오늘 표현에서 'wear' 자리에 'eat, say, have' 등등 어떤 단어든 응용할 수 있겠죠? 예를 하나 들어볼게요.

- You can eat whatever you want. = 당신이 원하는 것은 무엇이든 먹을 수 있어요.

213

영어도 경쟁력이에요.

외국인 친구가 한국 사람들은 왜 그렇게 영어 공부를 열심히 하냐고 묻길래, 영어도 스펙이 되고 경쟁력이 된다는 말을 해주고 싶었어요.

가수 제시의 유행어인 'Competition'을 써볼게.
'English is also competition.(영어 또한 경쟁이야.)'

경쟁을 하는 게 아니라, 경쟁할 수 있는 힘(무기)이 된다는 의미가 되어야겠죠?

'English is a second weapon.(영어는 두 번째 무기야.)'

공격적인 표현이네요. 이것 역시 경쟁력이라는 의미와는 맞지 않죠?

▶▶ 그래서, 타일러가 준비한 표현은?

213

Knowing English is an advantage.

*** 해석** 영어를 아는 것이 유리합니다.

Check!

* Knowing English is - 영어를 아는 것은 ~이다

* An advantage - 유리함

타일러 Tip

불리한 점이라고 말하고 싶으면, 'advantage' 앞에 'dis-'를 붙이면 되겠죠? 'disadvantage' 이렇게요.

'동사~ing + 형용사(명사) is an advantage' 이 문장 형태는 정말 많이 쓰니까 기억해두세요. 예를 하나 들어보겠습니다.

- Being attractive is an advantage. = 매력적인 것이 장점입니다.

214

몸 좀 사리세요.

바로 듣기

외국 스타일인지는 모르겠지만, 물불 안 가리고 불나방처럼 달려드는 외국인 동료가 있어요. 사회생활 오래 하려면 여기저기 나서지 말고, 몸 좀 사리라고 한마디 해주고 싶은데 어떻게 하면 좋을까요?

'Your body is telling you, be careful.(당신의 몸은 당신에게 조심하라라고 말하고 있어요.)'

이렇게 말하면 건강과 관련해서 '조심하라'는 의미가 돼요. 그동안 너무 무리했으니까, 이제는 건강 좀 챙기라는 느낌이 들죠?

'Don't go too far.(너무 멀리 가지 마, 즉 오버하지 마.)'

몸을 사리라는 건, 밟히지 않게끔 최대한 자세를 낮춰서 상황을 보고 있으라는 의미가 아닐까요?

▸▸ 그래서, 타일러가 준비한 표현은?

214

Stay low.

* **해석** 낮은 자세를 유지하세요. 즉, 몸을 좀 사리세요.

Check!

* Stay - 유지해라
* Low - 낮게

타일러 Tip

'Stay high'라는 말은 없어요. 몸을 사리는 건 '전쟁터에서 총알받이가 되지 않게 몸을 최대한 낮추고 있어라, 튀어나오지 말아라, 땅에 꼭 붙어 있어라'라는 의미입니다. 오늘 표현과 비슷한 문법으로는, 영철 형이 방송 중에 자주 쓰는 말이 있죠?
- Stay tuned. = 채널을 유지하고 있어라.

215

기분 탓인 것 같아요.

바로 듣기

건강상 채식 위주로 식단을 바꿨는데요. 기분 탓인지 모르겠지만 몸도 가벼워지고, 건강도 좋아진 것 같더라구요. "기분 탓인 것 같아" 이 말도 영어로 표현 가능한가요?

'It depends on how I feel.(그것은 내가 어떻게 느끼느냐에 달렸어요.)'

방향은 좋아요. 'Feel'로 가야죠. 근데 영철 형이 말한 표현은, 기분에 따라 결정된다는 뜻이라 오늘 상황에 안 맞을 수가 있어요.

'Just a feeling.(단지 느낌이야.)'

오~ 점점 좋아지고 있어요. 형! 감을 잡아가고 있네요. 이 문장을 조금만 손보면, 완벽해요.

▶▶ 그래서, 타일러가 준비한 표현은?

215

Maybe it's just a feeling.

*** 해석** 아마도 단지 느낌일 거예요.

Check!

* Maybe - 아마도

* It's just a feeling - 단지 느낌이에요

타일러 Tip

오늘 표현은 꼭 문장 앞에 나오는 게 좋아요. 몇 가지 예를 들어볼까요?

- Maybe it's just a feeling but I think we're going to hit it big this time. = 기분 탓이겠지만, 이번엔 정말 대박 날 것 같아.
- Maybe it's just a feeling but I don't think he likes me. = 기분 탓이겠지만, 그는 날 싫어하는 것 같아.

216

금방 어디 갔다 왔어요?

커피숍에서 아르바이트를 하는데, 같이 일하는 동료가 자꾸 자리를 비워요. 바빠 죽겠는데, 잠깐이긴 하지만 어딜 갔다 왔냐고 한마디 하고 싶은데 "Where have you been?"은 그동안 어디 있었는지 묻는 거 같고, 어떻게 하면 되죠?

사연자가 말한 것처럼, 'Where have you been?' 이렇게 하면 안 돼?

돼요! 이렇게 말해도 되는데, 왜 어색하다고 생각했을까요? 아마 잠깐 어디 갔었냐가 아니라, 그동안 쭉 어디 갔었냐고 묻는 느낌이 들어서 그럴 거예요.

'Where were you?(어디 있었어요?)'

이것도 괜찮아요. 근데 이것보다 더 좋은, 오늘 상황에 딱 맞는 표현이 있습니다.

▶▶ 그래서, 타일러가 준비한 표현은?

216

Where'd you go?

*** 해석** 어디에 갔었어요?

Check!

* Where - 어디에

* Did you go - 갔었어요?

타일러 Tip

너무 바쁜데, 아주 잠깐 갑자기 사라진 동료에게 쓸 수 있는 표현이죠. 맨 처음에 시도해준 'Where have you been?'은 오랫동안 못 봤다는 느낌이 들어요. 예를 들어, 방학에 한 번도 못 보고 개학 후에 마주치면 '우와~ 이게 얼마 만이야?' 이런 말을 하잖아요. 그때 'Hey! Where have you been?'이라고 하면 돼요. 그동안 어디에 있었냐는 말이지만, 그동안 뭘 하면서 지냈냐는 뉘앙스의 표현입니다.

217

잔돈 가져가세요.

버스를 탄 외국인이 현금을 내고는, 잔돈을 들고 가지 않더라구요. 까먹은 거 같아서 제가 한마디 해주고 싶었는데, 이럴 땐 뭐라고 하면 될까요?

'You go get money.(가서 돈을 받으세요.)'

알아듣긴 하는데, 너무 무례한 표현이에요.

'Keep the change.(거스름돈은 가지세요.)'

돈을 놓고 가는 손님이 아니라, 오히려 기사님께 쓸 수 있는 표현이죠?

'You should get your change.(당신은 거스름돈을 받아야만 해요.)'

돈을 챙겨줘야 하는 당사자가 아니라 지켜보던 제3자의 입장이니까, '잔돈 가져가셔야 할 것 같은데요, 잔돈 들고 가는 걸 잊으신 것 같은데요' 이런 식으로 설명해주는 게 좋지 않을까요?

▶▶ 그래서, 타일러가 준비한 표현은?

217

Hey, I think you forgot your change.

*** 해석** 저기, 제 생각엔 잔돈 갖고 가는 걸 잊으신 것 같은데요.

Check!

* I think - 내 생각에

* You forgot your change - 당신은 잔돈을 잊었네요

타일러 Tip

보통 이런 상황에서는 '-해라'라고 지시하기보다 '-잊으신 것 같은데요' 이런 식으로 돌려서 말하는 게 좋습니다. 여러 가지 상황에서 응용해볼까요?

- I think you forgot your bag. = 가방을 잊으신 것 같은데요.
- I think you forgot your phone. = 폰을 두고 가신 것 같은데요.

218

이게 진짜 이탈리아식 피자예요.

바로 듣기

'진짜 미국식 영어'처럼 '진짜 한국식 건축물', '진짜 이탈리아식 피자', '진짜 부산 사투리'… 이런 표현을 쓰잖아요. 영어 표현도 궁금하네요. 맛보기로 '진짜 이탈리아식 피자', 이 표현부터 알려주세요!

'This is real Italian pizza.(이게 진짜 이탈리아 피자예요.)'

그렇게 해도 돼요. 억양만 좀 더 'Real'을 강조해주시구요. 근데 음식 같은 경우엔 'Real' 말고 다른 단어를 쓰기도 합니다.

'레알 Italian pizza.'

'레알'은 스페인어권에서는 통할지도 모르겠네요. 그러지 말고, 진짜 그쪽 지방 음식이라고 말할 때 쓰는 다른 표현을 잘 생각해보세요.

▶▶ 그래서, 타일러가 준비한 표현은?

218

This is authentic Italian pizza.

*** 해석** 이것은 정통 이탈리아 피자입니다.

Check!

* This is authentic - 이것은 진품이에요
* Italian pizza - 이탈리아 피자

타일러 Tip

‘authentic’은 ‘진품’, ‘진짜’ 이런 의미가 있는 단어예요. 예를 들어 한국에서 먹는 중국 음식을 ‘Chinese food’라고 하지만, 훠궈는 한국에서 먹더라도 ‘authentic Chinese food’라고 할 수 있죠. 자장면처럼 변형된 게 아니라, 진짜 중국식 음식이니까요. 응용 좀 해볼까요?

- This is authentic Korean architecture. = 이게 진짜 한국식 건축물이야.

219

진미영이 엄청난 도움이 될 거예요.

진미영 팟캐스트를 즐겨 듣고 있는데, 친구들에게도 추천하고 싶어요. 이왕이면 영어로 해주면 신뢰감이 느껴질 것 같은데, "진미영이 큰 도움이 될 거야!" 어떻게 말해줄까요?

'Real American English is help up.(진짜 미국식 영어가 도움을 줍니다.)'

'진미영'에 대한 자부심이 없으신가요? 그냥 고유 명사로 써도 되지 않을까요?

'진미영 going to help up.(진미영이 도움이 될 거예요.)'

'Help up'이라는 단어는 없어요. 다르게 생각해야겠죠?

▶▶ 그래서, 타일러가 준비한 표현은?

219

진미영 is super helpful.

* **해석** 진미영은 매우 유용해요.

Check!

* Super - 대단히
* Helpful - 도움이 되는, 유용한

타일러 Tip

비슷하게 쓸 수 있는 표현 몇 개 더 볼까요?

- 진미영 is my savior. = 진미영은 나의 구세주예요.
- What would I do without 진미영? = 진미영 없이 내가 무엇을 할 수 있을까요?

220

한국 사람 다 됐네요.

베트남에서 시집온 외국인 아주머니가 있는데, 한국 운전면허 시험도 합격하고 동네 노래자랑 대회에서 트로트까지 부르더라구요. 이젠 한국 사람 다 됐다고 한마디 해주고 싶은데, 영어 표현이 궁금합니다.

'You became a Korean.(한국인이 되었군요.)'

다른 국적이 있는 사람에게 한국 사람이 다 됐다는 건, 원래의 것을 무시하거나 버리고 한국인이 됐다는 말처럼 들려요. 그래서 칭찬으로 받아들이기 어려워요.

'You're Korean eyes.(당신은 한국인의 눈이네요.)'

음… 눈의 생김새를 말하는 건가요? 이것도 좋은 표현은 아닌 것 같아요.

▶▶ 그래서, 타일러가 준비한 표현은?

220

You're so Korean.

* **해석** 당신은 참 한국스럽네요.

Check!

* You're so - 당신은 정말
* Korean - 한국적이에요

타일러 Tip

오늘 표현에서 쓴 'Korean'은 '한국적인'을 뜻하는 형용사로 쓰였습니다. 'You're so beautiful', 'You're so smart' 이 문장들과 구조가 같은 거라고 보면 되죠. 'Korean'이 형용사로 쓰였을 뿐 국적에 대한 의미는 아니에요.
'한국 사람 다 됐다'고 하는 말은, 좋은 마음에서 하는 말이라는 걸 알지만 많은 외국인들은 칭찬으로 받아들이진 못 해요. 그렇기 때문에 행동이나 말투, 생각들이 한국스럽다고 칭찬하는 게 더 좋겠죠? 비슷한 예로, 오랫동안 미국에서 생활한 한국인을 보고 'You became an American'이라고 하면 기분이 나쁠 수 있어요. 대신, 'You're so American'이라고 하면, '당신은 아주 미국스러워요'라고 말하는 겁니다.

221

제 보온병에 좀 담아주시겠어요?

바로 듣기

영국 여행을 준비 중인데, 영국은 워낙 물가가 비싸다고 해서 텀블러를 들고 가려구요. 카페에서 텀블러에 담아달라고 하면, 할인이 되지 않을까요? 제 것에 담아달라는 건, 어떻게 말하면 될까요?

'Could you give that coffee my tumbler?(내 텀블러에 저 커피를 주시겠어요?)'

문법이 좀, 뭔가 어색해요.

'Could you give a coffee to my tumbler?(내 텀블러를 위해 커피를 주시겠어요?)'

'텀블러'라는 단어를 잘 안 쓰는 것 같아요. 다른 단어를 생각해보세요!

▶▶ 그래서, 타일러가 준비한 표현은?

221

Could you put it in my thermos, please?

* **해석** 제 보온병에 담아줄 수 있나요?

Check!

* Could you put it - 담아줄 수 있나요?
* In my thermos - 내 보온병 안에

타일러 Tip

'tumbler'와 'thermos', 큰 차이는 없지만 저희 동네에서는 'thermos'를 더 많이 썼어요. 보온병이란 의미구요. 외국에서 '텀블러'라고 하면 음료를 담는 컵부터 생각하진 않는 것 같아요. 보온병이나 유리병, 텀블러, 이런 단어들이 어렵다면 가져간 병을 내밀며 'this'로 표현하는 게 가장 편하겠죠?

- Could you put it in this, please? = 여기에 좀 담아주시겠어요?

222

나도 같은 마음이에요.

우리나라의 지진 소식을 듣고, 해외에 있는 친구가 빨리 복구되길 바란다고 메시지를 전해왔는데, 거기에 대한 답장으로 "나도 같은 마음이야" 이런 말을 해주고 싶어요. 혹시, "Same mind"는 아니겠죠?

'Same mind'는 쓰면 안 돼? 해석하면 '같은 마음이야'가 될 것 같은데?

못 알아들을 거예요. 콩글리시입니다.

'We are on the same page.(우리는 같은 페이지 위에 있어요.)'

상황에 대해 둘 다 똑같이 이해하고 있다는 의미이긴 한데, '같은 마음(느낌)이다'라고 하려면 'Feel'이 들어가야 하지 않을까요?

▶▶ 그래서, 타일러가 준비한 표현은?

222

I feel the same way.

* **해석** 나도 같은 마음이에요.

Check!

* I feel - 나는 느낍니다
* The same way - 같은 방식

타일러 Tip

오늘 상황에서 쓸 수 있는 또 다른 표현 좀 볼까요?
- I know the feeling. = 나도 겪어봤어요.
- I feel you. = 당신의 마음을 느낄 수 있어요.

한 가지 팁을 더 드린다면, 오늘 표현 앞에 'You know'를 붙이면 좀 더 미국적으로 들려요. 'You know, I feel the same way' 이렇게요.

223

하! 그 정도는 정말 쉽거든요!

바로 듣기

언니가 영어 학원을 다니는데, 자꾸 제 앞에서 잘난 척을 합니다. 저도 타일러에게 다 배웠던 건데, "야! 그 정도는 나도 식은 죽 먹기거든?" 이렇게 말해주고 싶어요. 가르쳐주실 거죠?

'It's piece of cake.(식은 죽 먹기네요.)'

제가 준비한 표현은 아니지만, 팡파르 울려드릴게요. 맞는 표현이에요. 근데 요즘은 이런 관용구를 잘 쓰지 않아요.

'I think it's so easy.(내 생각에 그건 너무 쉬운데요.)'

상대방은 나의 생각을 궁금해하진 않아요. 그러니까 'I think'로 시작하지 않는 표현을 찾아야겠죠?

▶▶ 그래서, 타일러가 준비한 표현은?

223

Oh, come on, that's so easy.

* **해석** 오, 이봐요, 그건 너무 쉬워요.

Check!

* Oh, come on - 오, 이것 봐요
* That's so easy - 그건 너무 쉬워요

타일러 Tip

문장 앞에 'Oh, come on'을 붙이고, 'piece of cake'나 'that's so easy' 둘 다 붙이면 가장 좋은 표현이에요. 또 가소롭다는 듯, 억양을 살려서 'What? come on, that's easy' 이 표현도 좋습니다. 기억해두세요!

224

물건은 제자리에 갖다 놓으세요.

바로 듣기

초등학교 저학년 담임인데요. 아이들이 아직 어려서 물건을 제자리에 갖다 놓질 않네요. 이럴 때 따끔한 야단보다는, 영어로 해주면 더 주목할 것 같은데 도와주세요!

'Hey, put it on back.'

'Put it on'은 '(옷을) 입어라/ (물건을) 위에 놓아라' 이런 뜻이에요. 오늘 상황에서 쓸 수 있는 좋은 단어가 있는데, 모르시나요?

'Put it back, please.(도로 갖다주세요.)'

이 표현도 나쁘진 않아요. 'Please'를 잘 쓰셨어요.

▶▶ 그래서, 타일러가 준비한 표현은?

224

Put it back where you found it.

*** 해석** 당신이 그걸 찾았던 곳에 갖다두세요.

Check!

* Put it back - 돌려놓으세요
* Where you found it - 당신이 그것을 찾았던 곳

타일러 Tip

물건을 잘 잃어버리고, 제자리에 갖다 놓지 않고, 그래서 엉뚱한 실수를 자주 하는 사람을 묘사하는 단어가 많은데요. 몇 개만 차이점을 좀 볼까요?

- forgetful: 물건을 잘 잃어버리고, 건망증이 있다는 뜻이에요. 자꾸 뭔가를 빼먹고 깜박하는 사람에 대해 말할 때 쓰면 되는 단어예요.
- clumsy: 여기저기에 잘 부딪치고, 이것저것 잘 넘어뜨리고, 깨트리고, 실수로 고장 내는 사람에게 쓰면 되는 단어예요.

225

(너무 아프니까) 살살 해주세요.

발리 여행을 다녀온 동료가 현지인에게 마사지를 받았는데, 너무 아팠다고 합니다. 살살 해달라는 표현을 못해서 "Power down"이라고 했다는데, 저는 정확한 표현 좀 알고 발리 여행 가고 싶어요.

'Would you slow down, please?(좀 천천히 해주시겠어요?)'

살살 해달라는 건데, 'Slow'는 아니죠?

사연자가 말한 게 맞는 것 같은데? 'Power down, please.'

전원을 꺼달라는 말 같아요. 아니면 전력을 줄이라는 의미가? 암튼 상황에 맞지 않는 표현이에요.

▶▶ 그래서, 타일러가 준비한 표현은?

225

Not so hard, please.

* **해석** 너무 세게는 말구요.

Check!

* Not so hard - 너무 세지는 않게

타일러 Tip

세지 않게 해달라는 표현에서, 왜 'strong'이 아닌 'hard'인지 궁금해하는 분들이 있을 텐데요. 'Not so strong'이라고 하면 '너는 근육이 그렇게 세지 않네', 즉 근육량을 말하게 됩니다. 혹은 커피를 주문할 때 '너무 진하게 않게'라는 뜻도 되겠죠. 오늘 표현과 반대로 '너무 약하지 않게 해주세요' 이 표현은 'Not so soft, please'라고 표현하면 되겠죠?

복습하기

211 ~ 225

- 카드 충전이 필요합니다.
- 자율 복장입니다.
- 영어도 경쟁력이에요.
- 몸 좀 사리세요.
- 기분 탓인 것 같아요.
- 금방 어디 갔다 왔어요?
- 잔돈 가져가세요.
- 이게 진짜 이탈리아식 피자예요.
- 진미영이 엄청난 도움이 될 거예요.
- 한국 사람 다 됐네요.
- 제 보온병에 좀 담아주시겠어요?
- 나도 같은 마음이에요.
- 하! 그 정도는 정말 쉽거든요!
- 물건은 제자리에 갖다 놓으세요.
- (너무 아프니까) 살살 해주세요.

복습하기

211 ~ 225

- You need to charge your card.
- You can wear whatever you want.
- Knowing English is an advantage.
- Stay low.
- Maybe it's just a feeling.
- Where'd you go?
- Hey, I think you forgot your change.
- This is authentic Italian pizza.
- 진미영 is super helpful.
- You're so Korean.
- Could you put it in my thermos, please?
- I feel the same way.
- Oh, come on, that's so easy.
- Put it back where you found it.
- Not so hard, please.

226

잘 지내길 바라요.

필리핀 여행에서 친해진 현지 기사 아저씨와 공항에서 헤어질 때, 건강하게 잘 지내라는 마지막 인사를 해주고 싶었는데, "Health"라고만 했네요. 어떤 인사가 좋을까요?

'So long.(안녕.)'

틀린 말은 아니지만, 'Bye'의 느낌만 있어요. 잘 지내길 바란다는 염원은 없어요.

'Stay healthy.(건강을 유지해요.)'

좋아요. 사연에 나온 'Health'를 응용한 면은 매우 좋았어요.

▶▶ 그래서, 타일러가 준비한 표현은?

226

Take care of yourself.

* **해석** 당신 자신을 잘 돌보길 바라요.

Check!

* Take care - 잘 돌보세요
* Of yourself - 당신 자신을

타일러 Tip

오늘 표현을 줄여서 'Take care'만 해도 의미는 통해요. 너무 쉽죠? 마지막 인사라는 느낌과 함께 상대방의 안부까지 물어봐주는 표현이에요. 이메일에 끝인사로 써도 됩니다. 그리고 좀 더 가벼운 의미로 '좋은 하루 보내', '좋은 주말 보내'처럼 다양한 상황에서 쓸 수 있는 표현이 있는데요. 'Have a good one(좋은 시간 보내)'이라고 하면 돼요. 거의 모든 상황에서 쓸 수 있는 끝인사입니다. 물론, 통화할 때 써도 되구요.

227

신세 꼭 갚을게요.

바로 듣기

야간 근무를 하는 날인데, 급하게 소개팅이 잡혀서 외국인 동료에게 부탁했더니 흔쾌히 근무 날짜를 바꿔주더라구요. 이럴 때, 이자 쳐서 갚겠다고 고마움을 전하고 싶었는데, 어떻게 말해야 할까요?

'I owe you.(나는 당신에게 빚졌어요.)'

이 표현은 신세를 졌다는 의미지, 갚을 거라는 말은 아니에요.

'I'll treat you.(제가 쏠게요.)'

뭔가… '한번 놀러오세요, 접대할게요' 이런 뉘앙스 같아요.

▶▶ 그래서, 타일러가 준비한 표현은?

227

I'll make it up to you.

*** 해석** 나는 당신에게 신세 갚을게요.

Check!

* I'll make it up - 나는 메울게요(갚을게요)

* To you - 당신에게

타일러 Tip

'make it up'이 '때우다', '메우다' 이런 의미가 있어요. 그리고 'interest'가 '이자'라는 뜻인데, 이자 쳐서 신세를 갚겠다는 게 아니라 진짜 금전적으로 이자를 갚겠다는 표현은 다음과 같이 할 수 있습니다.

- I'll pay you back with interest. = 이자와 함께 갚을게요.

228

10시 방향으로 가세요.

바로 듣기

차를 타고 가는데 내비게이션이 길을 설명할 때, 시계 방향으로 비유를 하더라구요. "10시 방향으로 좌회전하세요" 이런 것처럼 말이죠. 미국에서도 시간으로 설명하나요?

우선, 진미영에서 배웠지? 내비게이션이 아니라 'GPS'라고 해야 하는 거! 첫 번째 시도 해볼게. 'You have to turn left toward 10 o'clock.'

문법이 조금 어색하네요. 10시쯤에 좌회전을 해야 한다는 의미로 받아들일 수 있어요.

'Look at the 10 o'clock.(10시를 보세요.)'

음… 이렇게 말하면, 시계를 볼 것 같아요. 자꾸 표현의 의미가 달라지니까, 제대로 된 문법을 찾는 게 먼저일 것 같아요.

▸▸ 그래서, 타일러가 준비한 표현은?

228

Take a left turn at ten o'clock.

* **해석** 10시 방향으로 좌회전하세요.

Check!

* Take a left turn - 좌회전하세요
* At ten o'clock - 10시 방향으로

타일러 Tip

'Take a left turn' 대신 'Make a left turn'도 가능하구요. 여러 가지 상황에서 응용할 수도 있습니다. 특히, 길 안내가 아닌 누군가를 조심스럽게 훔쳐볼 때 '10시 방향을 봐봐, 그 사람이 있어' 이런 말 쓰잖아요. 그럴 땐 'Look at ten o'clock(10시 방향을 봐봐)'으로 쓰면 되는 거죠.

229

찬물 좀 끼얹지 마세요.

저희 남편은 매사가 부정적입니다. 온 가족이 캠핑을 가려고 준비하는데, 돈 든다고 투덜대더라구요. 그럴 때 찬물 좀 끼얹지 말라고 하잖아요. 영어로도 한마디 해주고 싶어요.

'Cold shoulder'라는 표현을 배웠었는데, 응용할 수 있을까?

'Cold shoulder'는 이유 없이 쌀쌀맞고, 차갑게 대할 때 쓰는 단어예요. 오늘 상황은 분위기를 깨는 거니까 맞지 않겠죠?

'Don't spray cold water.(찬물 좀 뿌리지 마.)'

이건 정말, 차가운 물을 뿌리지 말라는 거죠? 재밌네요^^

▶▶ 그래서, 타일러가 준비한 표현은?

229

Don’t be a party pooper.

* **해석** 흥 깨는 사람이 되지 마세요.

Check!

* Don’t be - 하지 마세요
* A party pooper - 파티 분위기를 깨는 사람

타일러 Tip

‘poop’은 ‘똥’을 의미하는 단어예요. 여기에 ‘-er’을 붙이면 사람을 의미하고, ‘party pooper’라고 하면 파티에서 똥을 싸는 사람, 즉 분위기 깨는 사람을 의미하게 되는 거죠. ‘Don’t rain on my parade’라는 표현도 있는데요. ‘내 퍼레이드에 비 오게 하지 마’, 즉 내가 즐겁게 하고 있는데 기분 상하는 말이나 행동을 하지 말라는 의미로도 쓸 수 있어요.

230

내 삶의 유일한 낙이에요.

이사를 가면서 출퇴근 시간이 너무 길어졌습니다. 힘은 들지만 라디오와 함께하니 그나마 견딜 만한데요. 동료들이 힘들지 않냐고 묻길래, 라디오가 내 삶의 유일한 낙이라고 말해 줬답니다. 영어 표현도 궁금해요.

'It's most part of enjoy my life.(내 인생의 가장 큰 즐거움이야.)'

정확한 표현이 되려면, 'It's the most enjoyable part of my life'가 되어야 하구요. 근데 라디오가 '인생의 유일한 낙'이라고 하면 너무 슬프잖아요. 인생 말고, 하루의 가장 큰 즐거움 정도로 생각하면 어떨까요?

'It's the most enjoyable part of my day.(하루 중 가장 즐거운 시간이에요.)'

좋아요, 진짜 좋아요. 이 표현을 써도 돼요!

▶▶ 그래서, 타일러가 준비한 표현은?

230

It's the highlight of my day.

* **해석** 나의 하루 중 가장 하이라이트예요.

Check!

* It's the highlight - 하이라이트예요 (가장 중요한 부분이에요)
* Of my day - 내 하루의

타일러 Tip

문화의 차이일 수도 있겠지만, '내 인생의 낙'이라고 하면 인생을 통틀어 즐거움을 주는 게 그거 하나뿐이라는 의미로 들려요. 그런데 '내 일상의 낙'이라고 하면, 즐거움을 주는 여러 가지 중에 하나라는 의미를 전달할 수 있게 되겠죠.
오늘 표현에서, 'day' 자리에 여러 가지 단어를 넣어 응용할 수 있어요.

- It's the highlight of my career. = 그것은 내 경력 중 가장 중요한 부분이야.

231

(자판기가) 내 돈을 먹었어요.

바로 듣기

하와이 여행을 가서 음료수를 먹으려고 자판기에 돈을 넣었는데, 자판기가 돈만 먹고 음료수는 안 내놓더라구요. 직원을 불러 말하고 싶은데, 이럴 땐 어떻게 말하면 좋을까요?

'Vending machine has eaten my coin.(자판기가 내 동전을 먹었어요.)'

동전이 아닐 수도 있죠. 지폐를 먹었을 수도 있고….

'Vending machine has eaten my money.(자판기가 내 돈을 먹었어요.)'

'The vending machine'이라고 해야겠죠? 그리고 'Has eaten'보다는 그냥 'Ate'로 쓰는 게 일반적이에요. 영철 형의 표현도 나쁘진 않지만, 표현이 너무 길지 않나요?

▶▶ 그래서, 타일러가 준비한 표현은?

231

It ate my money.

* **해석** 내 돈을 먹어버렸어요.

Check!

* It ate - 그것은 먹었어요
* My money - 내 돈을

타일러 Tip

여기서 'it'은 'the vending machine'을 의미합니다. 길게 풀어서 말해도 되지만, 자판기를 가리키면서 말할 땐 굳이 언급할 필요가 없겠죠.
또 '너 안 잡아먹어'처럼 '먹다'는 말을 쓸 때가 있는데요. 영철 형이 시도한 'I'm not gonna kill you(나는 너를 죽이지 않을 거야)'도 맞지만, 좀 더 간단하게 'I don't bite(안 잡아먹어, 물지 않아)'라고 하면 됩니다.

232

기대했던 그대로예요.

바로 듣기

주변에서 진미영 추천을 정말 많이 해서 기대가 컸는데, 들어 보니 기대만큼 좋은 겁니다. 추천해준 사람들이 어땠냐고 묻는데, "기대했던 그대로네~" 이 말을 영어로 해주고 싶어요.

'It's same than I expected.(예상했던 것과 같아요.)'

음… 문장 구조는 좋아요. 근데 'Than(~보다)'을 쓰려면, 대조되는 두 개가 있어야겠죠.

'It's as same as expected.(예상했던 대로네요.)'

'As ~ as', 이 표현은 정말 잘 썼어요. 점점 가까워지고 있어요.

▶▶ 그래서, 타일러가 준비한 표현은?

232

It's just as good as I thought it would be.

*** 해석** 생각했던 것만큼 좋아요.

Check!

* It's just as good as - 그것은 딱 좋네요.

* I thought it would be - 내가 생각했던 것만큼

타일러 Tip

영철 형이 두 번이나 시도했던 'expected'를 꼭 쓰고 싶다면, 'It's as good as expected(예상했던 것만큼 좋아요)'를 써도 돼요. 근데 오늘의 포인트는 'as good as'죠. 정말 많이 사용하는 표현입니다.
컴퓨터가 고장 나서 수리에 맡기고 다시 받으러 갔을 때 직원이 'It's as good as new'라며 건네주는데요. 무슨 뜻일까요? 새것만큼 잘 고쳤다는 의미예요.
반대로, 친구가 이번 학기에 과제도 안 하고 시험공부도 안 돼 있어 졸업을 못할 상황일 때, 'He's as good as dead'라고 하면 그 친구가 죽은 것만큼 망했다는 의미가 된답니다.

233

선물 포장 좀 해주세요.

여행 가서 기념품을 샀는데요. 이왕이면 지인들에게 선물을 하고 싶어서, 포장을 해달라고 말하고 싶은데… 뭐라고 요청하면 될까요?

'Please wrap.' 이건 어떨까?

이잉? 말이 너무 짧네요. 제가… 속상해서… 눈물이… 크흡~^^ 잘 생각해보세요. 뭐를 포장해야 하나요? 포장을 했으면 누구에게 줘야 하죠? 제가 가져도 되는 건가요?

'Could you wrap this for me?(나를 위해 이걸 포장해주시겠어요?)'

맞는 표현이에요. 근데 살짝 오해할 수가 있어요. 어떻게 'Wrap'을 해달라는 건지!!

▶▶ 그래서, 타일러가 준비한 표현은?

233

Can I get it gift wrapped?

*** 해석** 선물용으로 포장 가능할까요?

Check!

* Can I get it - 해주시겠어요?

* Gift wrapped - 선물 포장용

타일러 Tip

한국도 그렇지만, 선물 포장을 할 때 돈을 더 내야 할 수도 있어요. 우선은 선물 포장이 가능한지부터 물어봐야겠죠? 오늘 표현처럼 물으면, 추가 비용이 있다고 말을 하든지, 가능하다고 하든지, 안 된다고 하든지, 다양한 대답이 돌아올 거예요.

234

두 번째 줄, 오른쪽에서 두 번째 자리입니다.

스피닝 수업을 듣는데, 외국인 수강생이 자꾸 제 자리에서 자전거를 타요. 그 외국인의 자리가 '두 번째 줄, 오른쪽에서 두 번째 자리'인데 그냥 직접 데려다주고 왔네요.

'Second line right side second spot.(두 번째 줄 오른쪽 두 번째 지점.)'

음… 뭔가 어순이 안 맞는 것 같아요.

'Second row, right side second.(두 번째 열, 오른쪽 두 번째.)'

'Row(열, 줄)'를 생각해내다니, 'Second row'까지는 너무 좋았어요.

▶▶ 그래서, 타일러가 준비한 표현은?

234

Second row, second spot from the right.

*** 해석** 두 번째 열, 오른쪽에서부터 두 번째 지점입니다.

Check!

* Second row - (앞에서) 두 번째 열
* Second sopt - 두 번째 자리
* From the right - 오른쪽에서부터

타일러 Tip

보통 영화관이나 공연장에서 의자에 앉을 때는 'seat'을 쓰는데요. 의자가 없으면 'seat'이 어색할 수도 있어요. 돗자리를 깔거나 의자보다 넓은 개념의 자리라면 그건 'spot'이라고 부르는 편입니다. 오늘 표현에서 'spot'을 쓴 건, 자전거라는 물체가 있는 지점이라서 쓴 거예요. 일반적으로 자리를 표현할 땐 'seat'을 쓴다는 거 기억하시고, 다양하게 응용해볼 수 있겠죠?

- First row, third seat from the left. = 첫 번째 줄, 왼쪽에서 세 번째 자리.

235

드디어 당신이 빛을 발하네요.

바로 듣기

철업디(Cheer Up DJ) 김영철 씨가 드디어 올해 빛을 발하는 것 같아요. 음반도 내고, 라디오도 인기고, 책도 잘되고… 그런 철업디에게 한마디 해주고 싶어요. 드디어 빛을 발하네요.

'Finally you are amazing.(마침내 당신은 놀랍네요.)'

빛을 낸다는 게, 'Amazing'은 아니죠?

'Finally you are sunshine.(마침내 당신은 햇살이 되네요.)'

햇살도 아닌데….

▸▸ 그래서, 타일러가 준비한 표현은?

235

It's your time to shine.

* **해석** 당신이 빛날 시간이에요.

Check!

* It's your time - 당신의 시간입니다
* To shine - 빛나기 위한

타일러 Tip

오늘 표현은 스스로에게 말할 수도 있겠죠.
- It's my time to shine. = 내가 빛날 시간이야.
'time to shine'은 고정된 표현이라고 생각해주세요.
'누구누구의 time to shine'도 되고, 그냥 일반적으로 'It's time to shine'이라고 하는 경우가 많아요. 빛날 때가 됐다, 관심 받을 때가 됐다, 인정 받을 때가 됐다, 잘나갈 때가 됐다 등등의 의미로 쓰는 표현입니다.
또 그동안 열심히 했는데 인정을 못 받은 친구가, 곧 중요한 시험이나 발표를 앞두고 있다면 'It's your time to shine!'이라고 하면서 격려를 해주면 되는 거죠.

236

편식 좀 하지 마세요.

방학인 아들이 소시지만 가려 먹네요. 이럴 때 전 세계 엄마들이 해주는 말이죠. "편식 좀 하지 마!!" 이왕이면 영어로 한마디 해줘서, 영어 공부도 시키고 싶네요.

편식은 한 가지만 먹는 거니까, 'One way food no!'

뭔가 '일방통행 음식'이라는 말 같아서, 음식 삼키지 말고 다시 내뱉으라는 얘기 같아요.

'Stop eating like a picky eater.(까다롭게 먹는 사람처럼 먹는 걸 멈춰요.)'

문장을 잘 보면, 'eat'이 두 번 반복됐죠? 그럴 필요 없어요. 좀 더 경제적으로 생각해보세요.

▶▶ 그래서, 타일러가 준비한 표현은?

236

Don’t be a picky eater.

* **해석** 편식하는 사람이 되지 마세요.

Check!

* Don’t be - 되지 마세요
* A picky eater - 편식하는 사람, 골라먹는 사람

타일러 Tip

편식하지 말고, 채소도 좀 먹으라는 말까지 할 때가 있죠. 그럴 땐 오늘 표현을 좀 풀어서 말하면 됩니다.

- Don’t be picky. Eat your vegetables. = 골라 먹지마. 채소도 좀 먹어.

‘vegetables’ 자리에 아이가 안 먹는 음식을 넣어서 말하면 되겠죠?

237

너무 추워 보여요.

저희 딸은 한겨울에도 미니스커트를 입습니다. 멋부리다 얼어 죽는다고 한마디 해주고 싶지만, 저도 어릴 때 그러면 더 반항만 했거든요. 서로서로 기분 안 나쁘게, 뭐라고 말해주면 될까요?

'You look so cold.(너 너무 추워 보여.)'

뭔가 부족해요. 외출하려고 옷을 입었는데, '그렇게 나가게? 밖에 나가면 엄청 추울 거야' 이런 의미가 들어가야겠죠?

'You're freezing to death.(너는 얼어서 죽을 것 같아.)'

좋은데, 현재진행형이잖아요. 뭔가가 아쉽게 부족해요.

▶▶ 그래서, 타일러가 준비한 표현은?

237

You look like you're going to freeze in that.

* **해석** 그것을 입은 당신은 얼어 죽을 것처럼 보여요.

Check!

* You look like - 당신을 ~처럼 보입니다
* You're going to freeze - 얼지도 모릅니다
* In that - 그것 안(그 옷 안)

타일러 Tip

오늘 표현에서 'that'은 옷을 말해요. 그 옷을 입었다간 얼어 죽을지도 모른다는 의미죠. 비슷한 의미로 'It's kind of cold for that don't you think?(그러기엔 좀 추운 것 같지 않니?)'도 가능하구요.
참고로, 영어에는 'fashion before function'이라는 말이 있습니다. 기능성보다는 패션이 우선이라는 의미예요. 아무리 춥고 힘들어도, 패션을 우선시하겠다는 거죠.

238

조금만 덜어내주시겠어요?

바로 듣기

싱가포르 여행을 갔는데, 육포를 무게를 재서 팔더라구요. 원하는 만큼 담긴 했는데 생각보다 가격이 비싸서, 좀 덜어내 달라고 말하고 싶었어요.

'Minus! Except!(빼요! 제외해요!)'

하하, 안 돼요 형. 제가 시장 가서 김치 파는 아주머니에게 '빼기! 제외!'라고 말하면 어떨 것 같아요?

'Can I get less?(좀 더 적게 얻을 수 있을까요?)'

오오, 훨씬 나아졌어요. 이 표현을 써도 되는데 뭔가 살짝 부족해요. 'Get'과 'Less' 사이에 뭔가를 넣었으면 좋겠어요.

▶▶ 그래서, 타일러가 준비한 표현은?

238

A bit less, please.

* **해석** 조금만 적게 주세요.

Check!

* A bit less - 조금 적게

타일러 Tip

'Can I get a bit less, please!'라고 하면 진짜 좋은 표현이에요. 근데, 굳이 완성된 문장으로 말하지 않아도 돼요. 생활 영어는 중요 단어만 말해도 알아들으니까요. 그래도 좀 더 정중하게 말하고 싶을 땐, 'Could you take some off/ out, please?'라고 하면 되구요. 반대로 좀 더 달라고 할 때는 'A bit more, please'를 쓰면 됩니다.

239

저쪽으로 가면 경사로가 있어요.

바로 듣기

홍대 쪽에 살고 있어서 외국인 관광객이 많은데요. 무거운 캐리어를 끌고 계단을 내려가려는 외국인이 보여서, 저쪽으로 가면 경사로가 있다는 말을 해주고 싶었는데, 경사로가 뭔지 몰라 모른 척했네요.

'Slope there.(저길 경사지게 하세요.)'

'Slope'이라는 단어가 기울어진 경사면일 때도 쓰지만, 스키장에서 주로 쓰는 단어죠. 그래서 스키 타는 길이라고 생각할 수도 있어요.

'Another way.(다른 길이 있어요.)'

다른 길로 가라고요? 아니면 다른 방법이 있다는 건가요? 날아갈까요?

▶▶ 그래서, 타일러가 준비한 표현은?

239

There's a ramp over there.

*** 해석** 저쪽에 경사로가 있어요.

Check!

* There's a ramp - 경사로가 있습니다
* Over there - 저쪽에

타일러 Tip

오늘 표현을 쓸 땐 '저쪽'이 어디인지, 손으로 방향을 가리키면서 말을 하면 더 좋겠죠. '경사로'를 뜻하는 말이 'ramp'니까 외워두면 유용하게 쓸 수 있을 거예요.
참고로, 발음이 비슷한 'lamp'는 <램프의 요정>에 나오는 그 램프를 말하니까, 혼동하면 안 돼요.

240

이제 발 뻗고 잘 수 있겠네요.

바로 듣기

제 실수로 회사에 손해를 입혀서 마음 불편하게 지내다가 일이 잘 해결된 거예요. "이제 발 뻗고 잘 수 있겠다"고 했더니, 외국인 직원이 무슨 뜻이냐고 묻는데… 영어로 어떻게 설명하죠?

'I can sleep like baby.(아기처럼 잘 수 있을 것 같아.)' 아니면 'I can sleep like log.(통나무처럼 쭉 펴고 잘 수 있을 것 같아.)'

음… 좋은 표현이에요. 근데 문제는 이렇게 말하면, 일반적으로 '나는 아기처럼 잘 자는 체질입니다'라고 말하는 거예요. 조금 바꿔서 시도해보는 게 어떨까요?

'I can sleep over ten hours.(열 시간 이상도 잘 수 있을 것 같아.)'

이제 마음이 놓여서 잘 수 있을 것 같다는 의미보단, 그냥 일반적으로 푹 자는 체질을 의미하는 것 같아요.

▶▶ 그래서, 타일러가 준비한 표현은?

240

Now I can sleep at night.

* **해석** 이제 밤에 잘 수 있겠네요.

Check!

* Now - 이제
* I can sleep - 저는 잘 수 있어요
* At night - 밤에

타일러 Tip

'Now'가 꼭 붙어야 '이제' 잘 잘 수 있겠다는 의미가 됩니다. 확실하게 'Now'를 말하지 않으면 일반적으로 잠을 어떻게 자는지, 어떤 체질인지에 대해서 말하는 것 같아요. 한국어는 필요한 정보를 생략해도 알아들을 수 있고 이상하게 들리지 않지만, 영어는 조사 하나가 없어지면 무슨 말인지 헷갈리거나 아예 다른 뜻이 돼버리는 경우가 많아요. 그래서 상대방과 대화할 땐 언제나 육하원칙으로 생각하는 게 중요해요. '누가/ 언제/ 어디서/ 무엇을/ 어떻게/ 왜'를 챙겨서 말하는 거, 잊지 마세요!

복습하기

226 ~ 240

- 잘 지내길 바라요.
- 신세 꼭 갚을게요.
- 10시 방향으로 가세요.
- 찬물 좀 끼얹지 마세요.
- 내 삶의 유일한 낙이에요.
- (자판기가) 내 돈을 먹었어요.
- 기대했던 그대로예요.
- 선물 포장 좀 해주세요.
- 두 번째 줄, 오른쪽에서 두 번째 자리입니다.
- 드디어 당신이 빛을 발하네요.
- 편식 좀 하지 마세요.
- 너무 추워 보여요.
- 조금만 덜어내주시겠어요?
- 저쪽으로 가면 경사로가 있어요.
- 이제 발 뻗고 잘 수 있겠네요.

복습하기

226 ~ 240

- Take care of yourself.
- I'll make it up to you.
- Take a left turn at ten o'clock.
- Don't be a party pooper.
- It's the highlight of my day.
- It ate my money.
- It's just as good as I thought it would be.
- Can I get it gift wrapped?
- Second row, second spot from the right.
- It's your time to shine.
- Don't be a picky eater.
- You look like you're going to freeze in that.
- A bit less, please.
- There's a ramp over there.
- Now I can sleep at night.

241

괜찮다면 합석해도 될까요?

바로 듣기

회사 앞 식당이 방송을 탔는데, 점심 시간에 갔더니 빈자리가 없더라구요. 그때 외국인 손님이 혼자 밥을 먹길래, 합석해도 되냐고 물어보고 싶었어요. 어떻게 말하면 될까요?

'Let's share this table.(이 식탁 좀 같이 써요.)'

이건 '합석하자'라고 제안하는 거죠? '합석해도 될까요?'라고 양해를 구하는 건 아니에요.

'Excuse me, can I join/share your table?(실례지만, 당신의 테이블에 앉아도 될까요?)'

잘했어요. 'Join, Share' 다 쓸 수 있어요. 맞는 표현이에요.

▶▶ 그래서, 타일러가 준비한 표현은?

241

Excuse me, do you mind if I sit with you?

* **해석** 실례지만, 같이 앉아도 될까요?

Check!

* Do you mind~? - ~해도 될까요?
* If I sit with you - 만약 당신과 함께 앉는다면

타일러 Tip

영철 형의 표현도 좋았지만, 'Do you mind'로 시작하는 표현이 좀 더 정중해 보여요.
또 오늘 표현을 상대방에게 썼을 때, 돌아올 수 있는 대답을 생각해볼까요?

- Sure! go ahead. = 물론이죠! 어서 앉아요.(앉으라는 의미)
- No, I don't mind. = 아니요, 괜찮아요.(앉으라는 의미)
- Yes, I mind. = 네, 싫어요.(앉지 말라는 의미)

242

Y로 끝나지 않은 날에는 여기서 담배를 피워도 됩니다.(금연구역 표현)

제가 식당을 운영하는데, 외국인 손님도 많이 오는 편이라서요. '금연구역'이라는 말을 좀 재밌게 표현할 수 없을까요?

'Non-smoking here.' 이건 어때?

그렇게 짧게 말하면, 아주 딱딱하고 정이 없어 보여요. 식당에 붙여둘 거면 좀 유쾌한 표현이 필요하지 않을까요?

'You can smoke here if you want to die.(당신이 죽길 원한다면 여기서 담배를 펴도 좋아요.)'

하하하, 조금 어둡고 우울한 뉘앙스의 유머 같네요.

▶▶ 그래서, 타일러가 준비한 표현은?

242

You can smoke here on days that don't end in Y.

* **해석** Y로 끝나지 않는 날에는 여기서 담배를 피워도 됩니다.

Check!

* You can smoke here - 당신은 여기서 담배를 필 수 있습니다
* On days that don't end in Y - Y로 끝나지 않는 요일들에

타일러 Tip

'Monday, Tuesday, Wednesday' 등등 모든 요일이 다 'Y'로 끝나니까, 결국 담배를 피지 말라는 의미죠.
참고로, 'smoke free'라고 하면 '흡연구역'으로 생각하는 분들이 많은데요. 여기서 'free'는 '없다'는 뜻으로 사용됐습니다. 어떻게 보면 '금연'보다 '무연' 같은 느낌이에요.
'free'는 다음처럼 사용되기도 합니다.
- Fat free = 지방이 없는
- Sugar free = 설탕 무첨가

243

적당히 좀 마셔요.

하루가 멀다 하고 술을 마시는 남편에게 적당히 좀 마시라고 한마디 해주고 싶네요. 응용편으로, 저희 딸에게 하고 싶은 "적당히 좀 먹어!" 이 표현도 궁금해요.

'That's enough. Enough is enough.(충분하잖아. 작작해.)'

혼낼 땐 써도 되는 말이에요. 앞으로 절대 술을 먹지 말라는 의미가 되겠죠. 하지만 오늘 상황은 마셔도 되는데, 적당히 먹으라는 의미가 들어가야 합니다.

'Don't drink much.(많이 마시지 마.)' 이렇게 하면 어떨까?

완전 가까워요. 한 단어가 빠졌어요.

▶▶ 그래서, 타일러가 준비한 표현은?

243

Don't drink too much.

* **해석** 너무 많이 마시지는 마세요.

Check!

* Don't drink - 마시지 마세요
* Too much - 너무 많이

타일러 Tip

그렇다면 딸에게 써보고 싶다던 '적당히 좀 먹어!' 이 표현도 응용할 수 있겠죠?

- Don't eat too much.

다음처럼 응용해볼 수도 있구요.

- Don't work too much. = 일 좀 적당히 해.
- Don't talk too much. = 말 좀 적당히 해.

244

발품 좀 팔았어요.

자취방을 새로 구했는데, 위치나 가격 등등 다 맘에 들어요. 친구들이 어떻게 구했냐고 묻길래 발품 좀 팔았다고 대답했는데, 영어에도 이런 표현이 있을까요?

이렇게 해볼게. 많이 돌아다녔다는 의미니까 'I have been around.'

안 됩니다. 'To have been around'는 '이성을 많이 사귀어봤다', '헤프게 돌아다녔다' 이런 의미예요.

'I have been looking around.(나는 늘 주위를 둘러보았어.)'

이건 좋아요. 근데 발품 팔 때의 그 고생을 나타내는 표현이 아니에요.

▶▶ 그래서, 타일러가 준비한 표현은?

244

You just have to go all over the place.

＊ 해석 당신은 그냥 여기저기 돌아다니면 돼요.

Check!

＊ You just have to go - 당신은 가야만 한다
＊ All over the place - 여기저기 모든 곳

타일러 Tip

내가 발품을 팔았다는 느낌보다는, 너도 좋은 집을 얻으려면 여기저기 돌아다녀야 한다고 조언을 해주는 게 좋아요. 비슷한 상황에서 쓸 수 있는 표현을 알아볼까요?

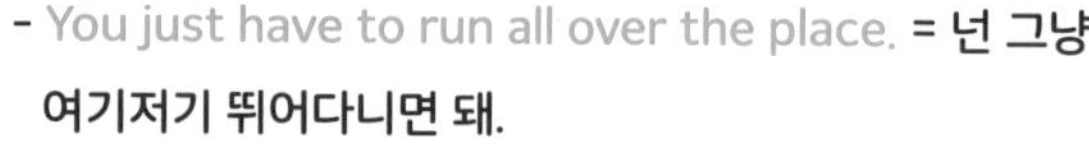

- You just have to run all over the place. = 넌 그냥 여기저기 뛰어다니면 돼.

- You just have to look all over the place. = 넌 그냥 여기저기 둘러보면 돼.

245

짬뽕은 질려요.

저희 남편은 한 가지 음식에 꽂히면 질릴 때까지 그것만 먹는데요. 요즘은 짬뽕에 꽂혔는데, 전 너무 싫어요. 그럴 때, "나 짬뽕 질렸어!" 이렇게 한마디 해주고 싶네요.

'I'm sick and tired of eating 짬뽕.'

맞는 표현이에요. 근데 너무 기니까, 조금만 줄여보세요.

'I'm tired of 짬뽕.'

좋아요. 이 표현도 쓸 수 있는데, 다른 단어로 표현해보는 건 어떨까요?

▶▶ 그래서, 타일러가 준비한 표현은?

245

I'm sick of Jjambbong.

*** 해석** 나는 짬뽕이 지겨워요.

Check!

* Be sick of - 신물이 나는, 넌더리가 나는

타일러 Tip

흔히 'sick'이라고 하면 '아프다'는 뜻으로 가장 먼저 생각하지만, '체하다'라는 의미도 있어요. 너무 자주 먹다 보면 체하게 되겠죠? 그래서 사람에게 질렸다고 할 때도, 'I'm sick of him(나는 그에게 질렸어)'라고 해도 되는 거죠. 근데 이 표현을 썼다가 뺨 맞으면, 전 책임 안 집니다.^^ 그리고 오늘 표현에서 '짬뽕' 자리에 어떤 음식을 넣어도 다 가능하겠죠? 응용도 꼭 해보세요!

246

이 길로 조금만 더 가면 됩니다.

바로 듣기

길에서 외국인이 길을 묻는데, 보니까 목적지에 거의 다 왔더라구요. 이 길로 조금만 더 가면 되는데, “This way Okay!”라고 해줘도 되는지 궁금해요.

'Go this way a little bit.(이쪽으로 조금 가세요.)'

통하긴 하는데, 뭔가 조금 부자연스러워요.

'Could you walk down go straight little bit?(좀 더 똑바로 가주시겠어요?)'

'Could you~?'로 시작하는 문장은 부탁할 때 쓰는 표현인데, 오늘 상황이 부탁하는 건 아니죠?

▸▸ 그래서, 타일러가 준비한 표현은?

246

Just go a bit further down this street.

*** 해석** 이 길로 좀 더 가시면 됩니다.

Check!

* Just go - 그냥 가세요
* A bit further down - 조금 더 아래로
* This street - 이 길

타일러 Tip

오늘 표현에서 'down this street'는 빼고, 'Just go a bit further'까지만 해도 의미는 통해요. 반면 지금 서 있는 길이 아닌, 저쪽 길로 조금만 더 가면 된다고 말할 땐, 'Just go a bit further down that street'이라고 하면 되겠죠?
그럼 여기서, 'this'와 'that'의 차이를 좀 알아볼까요? 영어로 'this way'라고 하면 '이쪽이에요'이지만, 나를 따라오라는 의미로도 많이 씁니다. 한편 'that way'라고 할 때는, 가야 하는 방향을 가리키면서 말하면 되고, 그게 굳이 내가 가는 방향이 아니어도 돼요.

247

중2병이라 그러니 이해해야죠.

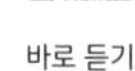
바로 듣기

중2병 걸린 저희 딸 때문에 너무 힘들어요. 잔소리하면 더 싸울 것 같고, 그냥 또래 엄마들끼리 푸념하기 바쁘네요. "제가 이해해야지 어쩌겠어요!" 영어에도 이런 말이 있을까요?

중2병을 'Second Grade Syndrome'이라고 했을 때, 그걸 응용해볼게. 'You have to understand there are Second Grade Syndrome.(당신은 그들의 중2병을 이해해야 해요.)'

한 번에 이해하기 어려워요. 다른 표현을 생각해보세요.

'You try to understand there are Second Grade Syndrome.(당신은 그들의 중2병을 이해하려고 노력해야 해요.)'

나쁘진 않은데요. 이 'Second Grade Syndrome'이라는 표현이 영어에는 없고, 표현도 길어요. 과연 필요한 걸까요?

▶▶ 그래서, 타일러가 준비한 표현은?

247

You just got to try and understand.

* **해석**   그냥 이해하려고 노력해보세요.

Check!

* You just got to - 당신은 그냥 해야만 합니다
* Try and understand - 이해하려고 노력하다

타일러 Tip

영어에는 '중2병'이라는 단어가 따로 없어요. 그냥 'Second Grade Syndrome'이라고 하면, 한국만의 특화된 단어니까 쓰셔도 돼요. 마치 '화병'이 영어로는 'Hwabyeong'인 것처럼 문화 그대로를 옮기면 돼요.
그리고 오늘 함께한 'Try and understand(이해하려고 노력해)'는 정말 많이 쓰는 표현이니까, 꼭 기억해두세요!

248

타일러만 한 사람 없어요.

진미영 코너 진행할 때, 타일러가 실수하면 철업디 김영철 씨가 장난으로 새 선생님 모집한다고 하잖아요. 그럴 때마다 타일러만 한 사람 없다고 한마디 해주고 싶은데, 뭐라고 해야 하죠?

'There is no teacher like 타일러.(그들은 타일러 같은 선생님이 아니에요.)'

하하, 듣기 좋은 말이네요. 좋은 표현이에요. 이렇게 말해도 되지만, 좀 더 자연스러운 표현이 있습니다.

'There is a kind of 타일러 style in the world.(세상에서 타일러 스타일이 최고예요.)'

어쩌죠? 점점 멀어지고 있어요.

▶▶ 그래서, 타일러가 준비한 표현은?

248

타일러 is one of a kind.

*** 해석** 타일러는 유일무이한 사람이에요.

Check!

* One of a kind - 한 종류에 하나만(즉, 유일하다는 의미)

타일러 Tip

수제품이나 맞춤형 제품에 대해 이야기할 때도 이렇게 말할 수 있습니다.

- It's one of a kind. = 이것은 유일해요.

또 오늘 표현과 비슷하게 쓸 수 있는 말이, 'the one and only(유일한)'가 있어요. 비욘세의 유명한 노래가 있는데, 바로 <Irreplaceable>. '대체불가능한'이라는 뜻을 가지고 있죠.

- You're irreplaceable. = 당신은 대체불가능해요.

249

정말 악착같네요.

아이 친구 엄마들과 영어 스터디를 하는데, 한 엄마가 몇 달째 영어 쪽지시험에서 1등을 합니다. 워킹맘인데 언제 공부를 한 건지, "정말 독하다~ 악착같다!" 이런 말을 해주고 싶어요.

'You are so poison.(너는 너무 독 같아.)'

상대방에게 독 같다고 하다니, 뭔가 진짜 나쁜 사람 같네요.

'You are so evil.(너는 너무 사악해.)'

어머, 정말 나쁜 사람이네요. 근데 오늘 함께할 악착같다는 건, 좋은 뜻으로 해주는 말일 수도 있잖아요? 대단하다는 의미의 악착같다는 말이니까요.

▶▶ 그래서, 타일러가 준비한 표현은?

249

You're really intense.

* **해석** 당신은 정말 열정적이네요.

Check!

* You're really - 당신은 정말
* Intense - 집중적이다, 강력하다, 몰두하다, 집중도가 높다

타일러 Tip

한국어로도 '너 정말 악착같다'라고 하면 좋은 뜻이 될 수도 있고, 나쁜 뜻이 될 수도 있는 것처럼 영어 표현도 두 상황 다 쓸 수 있는 말이에요. 단지 억양의 차이겠죠?
'intense'라는 단어를 한국어로 설명하려면 '빡세다'라는 단어가 가장 먼저 떠오르는데요. 'such an intense class(수업이 빡세다)' 이렇게 쓰는 것처럼, 사람이 독하고 성격이 팍팍할 때 쓸 수 있는 단어입니다.

250

심장이 쫄깃쫄깃해요.

제가 번지 점프나 놀이기구 타는 걸 좋아하는데, 외국인 친구가 그게 왜 재밌냐고 물어서 심장이 쫄깃쫄깃해지는 기분이라고 말해주고 싶은데, 어떻게 말하면 될까요?

'My heart is 쫄깃쫄깃.'

'쫄깃쫄깃'을 영어로 설명하는 게 관건이겠네요.

'My heart is elastic.(내 심장이 고무처럼 탄력 있어.)'

이건, 내가 다쳐도 금방 다시 회복할 수 있다는 의미 같아요. 회복탄력성을 말하는 것 같네요.

▶▶ 그래서, 타일러가 준비한 표현은?

250

My heart was pounding.

* **해석** 내 심장이 쿵쾅거렸어요.

Check!

* My heart was - 내 심장은 ~했어요
* Pounding - 쿵쾅거림

타일러 Tip

심장에 대한 표현은 영어에도 많아요. 당황하고, 긴장될 때 다음과 같이 쓸 수 있답니다.

- My heart was in my mouth. = 내 심장은 입안에 있어요.

근데, 이런 관용구들은 잘 안 쓰는 추세예요. 옛날 느낌이 난다는 거죠. 그래서 쿵쾅거리고, 쫄깃해지고, 긴장되는 모든 상황에서 쓸 수 있는 단어가 바로 'pounding'입니다.

251

그럴 수 있어요.

초등학교 1학년인 제 동생은, 타일러 오빠가 "암, 그럴 수 있어~"라고 양희은 선생님 흉내 낼 때 가장 좋아해요. 근데 이것도 영어 표현으로 바꿀 수 있나요?

이렇게 해볼까? 'It could be.(설마 그럴 수가.)'

나쁘진 않은데, 뭔가 부족해요. '그럴 수도 있겠다' 이런 느낌이에요.

'It's possible.(가능해.)'

이건 더 좋아요. 이 표현은 써도 돼요. 근데 양희은 선생님이 '그럴 수 있어~'라고 말할 때 맥락을 생각해보면, 또 다른 표현을 쓸 수 있어요.

▶▶ 그래서, 타일러가 준비한 표현은?

251

Anything's possible.

* **해석** 모든 것이 다 가능해요.

Check!

* Anything - 무엇이든
* Possible - 가능한

타일러 Tip

오늘 표현은, 어떤 상황에서도 '그럴 수 있어'라고 말할 수 있는 표현을 찾다 보니 고른 거예요. 근데 상황에 따라서는 영철 형이 시도한 표현들도 '그럴 수 있다'는 의미로 쓸 수 있을 거예요. 약간의 미묘한 차이가 있지만요.

- It could be. = 확실히는 모르겠지만, 그럴 수도 있겠다!
- It's possible. = 그럴 수 있어, 가능성 있어!
- Anything's possible. = 뭐든 다 가능해, 이것도 저것도 다 가능해!

참고로, 오늘 표현의 반대말은 'Everything's impossible (모든 것이 불가능해요)'입니다.

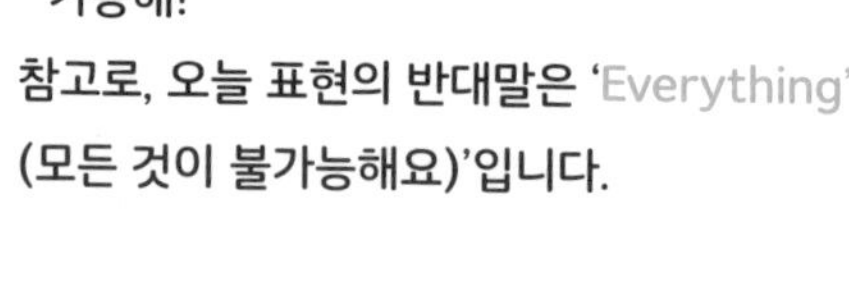

252

탁구 실력이 꽝이네요.

바로 듣기

외국인 동료와 쉬는 시간마다 탁구를 치는데요, 실력이 너무 안 늘어요. 그래서 "꽝손"이라고 놀리고 싶은데, 영어로 해줘야 알아들을 것 같아요.

'You have two left feet.(당신은 두 개의 왼발을 가지고 있네요.)'

발로 하는 일이면 몰라도, 오늘 상황엔 안 맞죠?

'You're so bad.(너 정말 나쁘네.)'

당신이 나쁘다는 거지, 당신의 어떤 실력이 나쁘다는 말은 아니죠?

▶▶ 그래서, 타일러가 준비한 표현은?

252

You suck at playing ping-pong.

* **해석** 탁구 실력이 엉망이네요.

Check!

* You suck at - 심하게 못하네요, 엉망진창이네요
* Playing ping-pong - 탁구

타일러 Tip

오늘 표현도 여러 가지 상황에서 응용이 가능합니다. 'At' 뒤에 명사만 붙이면 됩니다.

- You suck at dancing. = 춤을 정말 못 추네요.
- You suck at cooking. = 요리 실력이 엉망이네요.

오늘 표현과 비슷하게, 'You're so bad at playing ping-pong'도 쓸 수 있어요.

253

내가 알아서 운전할게요.

바로 듣기

아내와 함께 차를 타고 가면, 옆자리에서 자꾸 훈수를 둡니다. 운전하는데 정신도 사납고, "내가 알아서 하겠다"고 한마디 해주고 싶어요. 이왕이면 영어로요!

'I'll do drive whatever I want.'

좀 더 자연스러운 문장이 되려면, 'I'll drive however I want(내가 원하는 대로 운전할게)'라고 하면 좋아요.

'This car is mine.(이 차는 내 것이야.)'

이건 내 차라는 거지, 내가 운전하겠다는 의미는 아니죠?

▶▶ 그래서, 타일러가 준비한 표현은?

253

Let me drive, okay?

*** 해석** 내가 운전할게요, 알았죠?

Check!

* Let me drive - **내가 운전할게요**

타일러 Tip

남이 운전할 때 뒤에서 자꾸 뭐라고 하는 사람을 미국에서는 'backseat driver'라고 합니다. '뒤에 앉아서 운전하는 사람'이라는 뜻이죠.
오늘 표현에서 'drive' 자리에 어떤 단어든 다 들어갈 수 있어요.
- Let me finish, okay? = 내가 끝낼게, 알았지?
- Let me cook, okay? = 내가 요리할게, 알았지?
또 잔소리가 심한 사람에게는 다음과 같이 말할 수 있습니다.
- Just let me be, okay? = 내가 알아서 할게, 알았지?

254

입맛이 없어요.

바로 듣기

독감에 걸렸다 겨우 나았는데 입맛이 통 안 돌아오네요. 외국인 동료가 맛있는 거 먹으러 가자는데, 입맛이 없다고 거절하고 싶어요. 어떻게 말하면 될까요?

'I lost my appetite.(나는 식욕을 잃었어요.)'

되긴 하는데, 이 표현엔 특별한 뉘앙스가 있어요. 징그러운 거, 눈에 거슬리는 걸 봐서 입맛을 잃었다는 느낌이에요. 상대방 때문에 기분이 상했거나 어떤 사건 때문에 기분이 안 좋아서 입맛이 없다는 거예요.

'I'm not in the mouth any food.(나는 어떤 음식도 입에 넣을 수 없어요.)'

네? 무슨 말이죠? 전혀 의미가 안 통해요.

▶▶ 그래서, 타일러가 준비한 표현은?

254

I'm not that hungry.

* **해석** 나는 그렇게 배고프지 않아요.

Check!

* Not that hungry - 그렇게 배가 고프지 않아요

타일러 Tip

비슷한 의미로, 다음 표현을 써볼 수 있어요.

- I don't have much of an appetite nowadays. = 요즘 따라 식욕이 없어요.

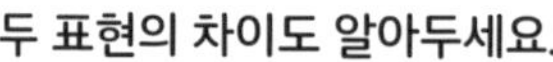

두 표현의 차이도 알아두세요.

- I'm not hungry. = 배가 고프지 않아요.
- I'm not that hungry. = 그렇게 배고프지 않아요.

255

한고비 넘겼네요.

아버지가 양쪽 다리 수술을 하게 됐는데, 한쪽 다리 수술을 먼저 했습니다. 수술이 다 끝난 건 아니지만, 한고비 넘겼다고 말해주잖아요. 영어에도 이런 표현이 있을까요?

'I went through this finally.(마침내 이걸 겪었어요.)'

드디어 해냈다는 느낌인데, 오늘 표현은 절반을 왔다는 의미가 되어야겠죠?

'Half did it.(절반을 했네.)'

와우, 'Half'를 쓴 건 아주 좋아요. 조금만 더 고민해보면 될 것 같아요.

▶▶ 그래서, 타일러가 준비한 표현은?

255

You're halfway there.

* **해석** 절반쯤 왔어요.

Check!

* Halfway - 중간에, 절반의
* there - 거기의

타일러 Tip

한국에도 '시작이 반'이라는 의미가 있잖아요. 정확하게 반을 지난 건 아니더라도, '조금만 더 하면 돼~', '거의 다 왔어' 이런 느낌의 긍정적인 표현이에요.
비슷한 의미로, 'You're almost done'이라고도 할 수 있어요. 거의 다 끝났다는 표현이죠?

복습하기 241 ~ 255

- 괜찮다면 합석해도 될까요?
- Y로 끝나지 않은 날에는 여기서 담배를 피워도 됩니다.(금연구역 표현)
- 적당히 좀 마셔요.
- 발품 좀 팔았어요.
- 짬뽕은 질려요.
- 이 길로 조금만 더 가면 됩니다.
- 중2병이라 그러니 이해해야죠.
- 타일러만 한 사람 없어요.
- 정말 악착같네요.
- 심장이 쫄깃쫄깃해요.
- 그럴 수 있어요.
- 탁구 실력이 꽝이네요.
- 내가 알아서 운전할게요.
- 입맛이 없어요.
- 한고비 넘겼네요.

복습하기

241 ~ 255

- Excuse me, do you mind if I sit with you?
- You can smoke here on days that don't end in Y.
- Don't drink too much.
- You just have to go all over the place.
- I'm sick of Jjambbong.
- Just go a bit further down this street.
- You just got to try and understand.
- 타일러 is one of a kind.
- You're really intense.
- My heart was pounding.
- Anything's possible.
- You suck at playing ping-pong.
- Let me drive, okay?
- I'm not that hungry.
- You're halfway there.

256

나 오늘 꼭 피자 먹을 거예요.

바로 듣기

남자 친구와 함께 가보고 싶은 피자 가게가 있는데, 갈 때마다 재료가 소진됐거나 문을 닫았거나 해서 못 먹었네요. "오늘은 꼭 피자를 먹고 말 거야!!"라고 다짐해보고 싶어요.

질문을 준 사연자가 먼저 시도해본 표현이 있어. 'I'll try it no matter what happened.(무슨 일이 있어도 꼭 해볼게요.)'

중요한 표현이 들어가긴 했는데, 왜 'Try'를 썼는지 모르겠네요. 피자를 먹고 말겠다는 표현이 들어가야겠죠?

'I will eat pizza today, really.(나 오늘 정말로 피자를 먹을 거야.)'

'Really'만 다른 단어로 바꾸면 될 것 같아요. '무슨 일이 있어도' 이런 의미가 들어가야죠?

▶▶ 그래서, 타일러가 준비한 표현은?

256

I'm going to eat pizza today no matter what.

* **해석** 나는 무슨 일이 있어도 오늘 피자를 먹을 거예요.

Check!

* I'm going to eat pizza - 나는 피자를 먹을 거예요
* Today - 오늘
* No matter what - 무슨 일이 있어도

타일러 Tip

'no matter what'이 어렵거나 다른 표현을 원한다면, 'definitely(분명히, 틀림없이)'를 써도 좋아요.

- I'm definitely gonna eat pizza today. = 나는 오늘 피자를 분명히 먹을 거야.

257

고급지게 복습하고, 실천하기!

바로 듣기

고복실 1탄

진미영에서 배운 표현들을, 실생활에서 얼마나 많이 써먹었는지 점검해보는 복습 시간!

"조회수 1위 표현"

우선, 팟캐스트에서 조회수 1위를 기록한 표현은, 1회 때 만나본 표현이었어요.
"축하합니다! 번창하세요. = Congratulations, keep it up."

* [김미현] 씨,

저는 딸아이와 매일 진미영을 함께 듣는데요. 얼마 전 개학을 한 딸아이에게, 늑장 부리지 말고 빨리빨리 등교하라고 잔소리 좀 했더니… 진미영에서 배운 표현을 써먹더라구요. "Let me go to school, okay?"

⇨ **진미영 시간엔, 'Let me drive, okay? = 내가 운전할게, 알았지?' 이거였는데, 여러 가지 상황에서 응용할 수 있는 표현이었죠.**

고복실 퀴즈! 다음 빈칸(삐)에 들어갈 말을 찾아주세요!

화정: 영자야, 좀 전에 밥을 먹긴 했는데… 배 안 고파?
우리, 뭐 좀 먹으러 갈까?

영자: 이잉? 나도 지금 막~ 출출해서, 뭐 좀 먹자고 할랬는디…
이래서 언니랑 나는 죽이 척척 맞는 거 아니니.

화정: 와우, 처음부터 너와 난, 딸깍! 클릭하는 소리가 났잖아.
마우스 클릭하는 소리, 알지? 죽이 잘 맞는다는 얘기야.
We just (효과)삐- / (한 번 더) We just 삐-"

정답은 [Click]이었습니다.
우린 죽이 잘 맞아.
= We just [Click].

258

고급지게 복습하고, 실천하기!

바로 듣기

고복실 2탄

진미영에서 배운 표현들을, 실생활에서 얼마나 많이 써먹었는지 점검해보는 복습 시간!

* [0979] 님,

평창동계올림픽 덕분인지, 외국인 관광객이 부쩍 늘어난 것 같아요. 한국에 오면 '비빔밥'을 먹어보고 싶어 하는 외국인은 많은데, 정작 어떻게 먹는지 몰라서 망설이는 걸 보고… 제가 알려줬어요. "Just mix it all together." 팀원들과 점심 먹을 때였는데, 다들 절 어찌나 멋있게 우러러보던지. 하하하.

⇨ **윤여정 선생님이 식당을 하는 방송에서는 비빔밥 메뉴를 팔던데, 이 표현이 나오더라구요. 외국인 관광객에게 써먹을 일 많을 것 같죠?**

* [김민정] 씨,

부모님 모시고 일본으로 가족 여행을 갔는데요. 출발 전에 호텔 예약 하면서, 요청 사항을 남기는 자리에 저희 방은 붙여달라고 적었답니다. "Can we have our rooms next to each other?" 이 표현 덕분에, 같은 층 방 세 개에 가족들이 나눠 자면서, 편하게 움직였네요.

⇨ 'next to each other'이 '옆에 서로서로', 즉 '나란히'라는 의미였죠. 이 표현은 여행 갔을 때보다, 가기 전 호텔에 요청할 때 써먹었다는 청취자가 의외로 많았어요.

고복실 퀴즈! 다음 빈칸(삐)에 들어갈 말을 찾아주세요!

영자: 자기야, 나는 계란을 완숙으로 먹어야 하는디… 노른자가 살아 있잖여. 푹 익혀달라고, 말 좀 해봐, 이잉?

호동: 당신 지금 음식 가리는 거야? 그냥 주는 대로 먹어라, 팍팍!!

영자: 아놔~ 내가 먹는 거에 얼마나 예민한지 모르고….
저기요, 달걀 프라이는 완숙으로 해줘유. 내가 비위가 약해서….
완전히 익혀달라, 그말이에유. Could I get an egg, over (효과)삐-?
/ (한 번 더)Could I get an egg, over 삐-?

정답은 [hard]였죠.
참고로, 노른자가 덜 익은 반숙 후라이는 [Over easy],
노른자까지 완전하게 익힌 완숙 프라이가 [Over hard]였습니다.

259

쿠폰 두 장을 동시에 쓸 수 있나요?

해외여행 준비 중인데, 현지에서 쓸 수 있는 쿠폰을 꽤 많이 모았어요. 같은 식당의 쿠폰도 여러 장이길래, 쿠폰 두 개를 동시에 쓸 수 있는지 물어보고 싶어요. 어떻게 할까요?

'Can I use two coupons all together at the same time?(쿠폰을 동시에 모두 함께 사용할 수 있나요?)'

음… 말은 되는데, 너무 길어요. 좀 더 짧은 표현이 있어요.

'Can I use two coupons all together simultaneously?(쿠폰을 동시에 모두 사용할 수 있나요?)'

'Simultaneously'는 쓸데없이 어려운 단어예요. 잘 안 쓰는 말이죠.

▶▶ 그래서, 타일러가 준비한 표현은?

259

Can I use more than one at a time?

* **해석** 한 번에 두 개 이상을 사용할 수 있나요?

Check!

* Can I use - 사용할 수 있나요?
* More than one - 하나 이상
* At a time - 한 번에

타일러 Tip

쿠폰 두 장을 보여주면서 같이 쓸 수 있는지 물어볼 테니, 굳이 '쿠폰'이란 단어가 들어가지 않아도 돼요. 그래도 문장에 쿠폰을 넣고 싶다면 'one' 다음에 넣으면 됩니다.

- Can I use more than one coupon at a time?

260

잘 자요, 좋은 꿈 꿔요.

아홉 살 조카가 당분간 저희 집에 머물게 됐는데요. 제가 잠을 재워요. 조카에게 영어 공부도 시킬 겸 영어로 굿나잇 인사를 해주고 싶은데 어떤 말이 좋을까요?

이건 쉬울 것 같은데? 'Honey sweet heart good night.'

귀엽네요.^^

그렇다면 이건 어때? 'Honey sweet heart good night. Sweet dream.'

오, 좋아요. 꼭 필요한 단어를 잘 찾아내셨네요.

▶▶ 그래서, 타일러가 준비한 표현은?

260

Good night. Sweet dreams.

* **해석** 잘 자요. 좋은 꿈 꿔요.

Check!

* Good night - 잘 자요
* Sweet dreams - 좋은 꿈 꿔요

타일러 Tip

잠자리에 들기 전에 쓸 수 있는 다양한 인사말이 있지만, 아이에게 해줄 수 있는 말은 'Sweet dreams'가 가장 좋아요. 아이에게 말하는 것이 아닌, 일반적으로 잘 자라고 말하고 싶을 땐 다음과 같이 표현하면 됩니다.

- Sleep well. = 잘 자요.

아침에 잘 잤냐고 물을 땐 'Did you sleep well?(안녕히 주무셨어요?)'이라고 하면 되구요.

261

시대를 잘 타고난 것 같아요.

방탄소년단 팬인데, 영국의 한 라디오와 인터뷰에서 '슈가' 군이 "우린 시대를 잘 타고난 것 같아요"라는 말을 하더라구요. 이 말을 영어로 바꾸면 어떻게 될까요?

'I'm such lucky guy.(전 정말 운이 좋은 사람이에요.)'

그렇게 해도 좋아요.

'I'm living golden age because my fan.(저는 팬들 때문에 황금시대를 살고 있어요.)'

'I'm living in the golden age'가 되어야겠죠? 근데 이 말은 안 맞아요. 'Golden age'는 전성기를 말합니다. 시대를 잘 타고난 건 아니죠? '타고나다'의 의미를 잘 생각해보세요.

▶▶ 그래서, 타일러가 준비한 표현은?

261

I think I was just born at the right time.

* **해석** 제 생각에 저는 적합한 때에 태어난 것 같아요.

Check!

* I think - 내 생각에
* I was just born - 나는 그냥 태어났어요
* At the right time - 맞는 때, 적합한 때

타일러 Tip

'방탄소년단'의 인터뷰를 찾아보니, 슈가 군이 말한 한국어에 자막으로 이렇게 표현돼 있더라구요.
- I think we're so lucky to be born at the right time.
근데, 우리가 잘된 건 타이밍이 좋았다는 뉘앙스가 되려면 'It's good timing/ It was good timing' 이렇게 쓸 수 있으니 참고하세요!

262

수요일에 상담 예약이 잡혀 있어요.

동물 병원 매니저입니다. 이번 주에 연휴가 껴 있어서 혹시라도 '노쇼(no-show, 오기로 한 사람이 나타나지 않음)'가 생길까봐 고객들에게 안내 문자를 보내려는데, 외국인 고객도 있어서 어떻게 보내야 할지 모르겠어요.

'You reserved on Wednesday.(수요일에 예약하셨잖아요.)'

문법적으로는 문제가 없지만, 뭔가 부자연스러워요.

'You make reservation on Wednesday for 상담 예약.(수요일에 '상담 예약'을 위해 예약하시면 됩니다.)'

예약을 했다는 게 포인트가 아니라, 예약이 언제인지를 알려주는 게 중요하잖아요?

▶▶ 그래서, 타일러가 준비한 표현은?

262

Your appointment is for Wednesday.

*** 해석** 당신의 예약이 수요일에 있어요.

Check!

* Your appointment is - 당신의 예약이
* For Wednesday - 수요일에

타일러 Tip

좀 더 정확한 표현이 되려면 'Your counseling appointment(당신의 상담 예약)'이 되겠지만, 동물 병원에서 'counseling'을 쓰기에는 좀 애매해요.
또, 흔히 예약이라고 하면 'reservation'을 먼저 생각하는데, 여기서 'appointment'와 'reservation'의 차이를 좀 살펴볼까요?

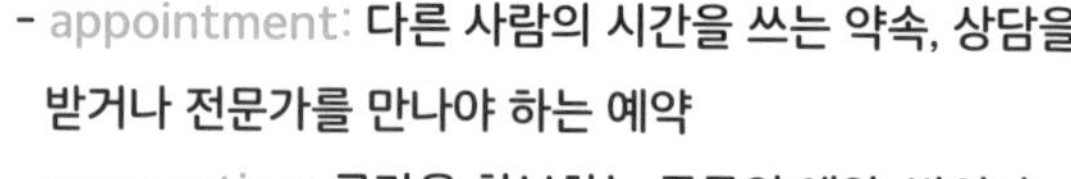

- appointment: 다른 사람의 시간을 쓰는 약속, 상담을 받거나 전문가를 만나야 하는 예약

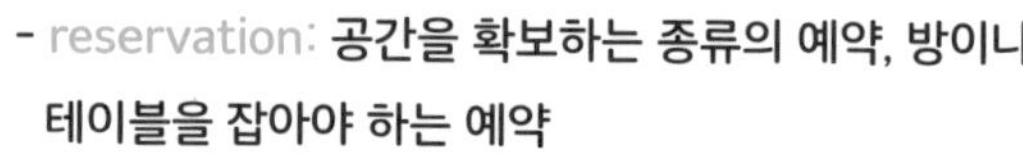

- reservation: 공간을 확보하는 종류의 예약, 방이나 테이블을 잡아야 하는 예약

263

코스 요리가 더 남았나요?

바로 듣기

해외여행을 가면, 최고급 식당에서 코스 요리를 먹는 걸 즐기는데요. 잘 모르니까, 나올 음식이 더 남았는지 묻고 싶을 땐 어떻게 해야 할까요?

'Excuse me, how many courses do you have?(실례지만 얼마나 많은 코스를 가지고 있나요?)'

이렇게 질문하면, 코스 요리에 총 몇 개의 요리가 나오는지 전부 다 설명해줄 거예요. 남은 걸 물어봐야죠?

'How many courses left?(코스가 몇 개나 남았나요?)'

잘했어요. 이 표현도 맞아요. 이건 얼마나 남았는지를 묻는 거고, 저는 이 요리가 끝인지 아닌지를 묻고 싶을 때 쓸 수 있는 표현을 준비했습니다.

▶▶ 그래서, 타일러가 준비한 표현은?

263

Are there any more courses left?

*** 해석** 코스가 더 남아 있나요?

Check!

* Are there any more - 더 있나요?
* Courses left - 남은 코스가

타일러 Tip

제가 준비한 'Are there any more courses left?'라고 묻는다면, 상대방은 'Yes/ No'로 대답해줄 거예요. 코스가 더 남아 있는지 아닌지를 묻기 때문이죠. 반면, 영철 형이 말한 'How many courses left?'라고 하면 'Two left(두 개 남았어요)' 등등 숫자로 말해줄 거예요. 그러니까 상황을 보고, 맞는 표현을 잘 사용하길 바라요.

264

뒷머리 좀 다듬어주세요!

바로 듣기

세 달 정도 미국에 머물게 됐는데, 제 머리카락이 빨리 자랍니다. 미용실에 원하는 사진을 챙겨 가겠지만, 간단하게 뒷머리 좀 다듬어달라고 말하려면 어떻게 하죠?

'Can you cut my hair a little bit?(내 머리카락을 조금만 잘라주시겠어요?)'

어느 부분을 잘라달라는 거죠? 뒷머리라는 설명이 빠졌네요.

'Can you cut my hair naturally?(자연스럽게 머리 좀 잘라주시겠어요?)'

자연스럽게 잘라달라고 하면, 머리카락이 없는 게 자연스럽다고 생각할 수도 있잖아요. 그럼 빡빡 밀어줄 텐데?

▶▶ 그래서, 타일러가 준비한 표현은?

264

Could you trim it a bit in the back?

* **해석** 뒷머리만 조금 다듬어주시겠어요?

Check!

* Could you trim it - 다듬어주시겠어요?
* A bit - 조금
* In the back - 뒷부분을

타일러 Tip

오늘 표현은 'trim' 이 단어를 꼭 알아둬야겠죠? 'trim'은 튀어나온 부분을 잘라내는 거예요. 동사로도 쓰고 명사로도 쓸 수 있습니다.

- I need a trim. = 난 다듬을 필요가 있어요.
- Should I give you trim? = 다듬어드리면 되나요?

머리카락을 자를 때도 쓰지만, 마당의 나뭇가지나 잔디를 다듬을 때도 쓸 수 있으니, 기억해두세요!!!

265

의자 좀 앞으로 당겨주시겠어요?

바로 듣기

해외여행을 다녀왔는데, 앞자리에 앉은 사람이 의자를 너무 뒤로 하고 있어서 기내식 먹기가 불편하더라구요. 그럴 때 의자 좀 당겨달라는 말, 어떻게 하면 되나요?

'Excuse me, skoot over.(저기, 옆으로 비켜요.)'

그건 옆으로 비키라는 말이죠. '나도 좀 앉자!' 이런 의미의 표현이에요.

'Excuse me, could you press your seat?(실례지만, 의자 좀 눌러주시겠어요?)'

음… 'Press'를 쓴 건 별로예요. 근데 나머지 표현들은 좋았어요.

▶▶ 그래서, 타일러가 준비한 표현은?

265

Excuse me, could you put your seat up please?

* **해석** 실례지만, 자리 좀 올려주시겠어요?

Check!

* Could you - 해주시겠어요?
* Put your seat up - 당신의 자리를 위로

타일러 Tip

버스나 비행기 의자를 잘 생각해보세요. 등받이가 뒤로 넘어가 있는 걸, 위로 당겨야 앞으로 가게 되겠죠? 그래서 전치사 'up'을 쓰는 겁니다. 실제로, 비행기 안에서 의자를 똑바로 해달라고 승무원이 돌아다니며 부탁할 때도 'Please put your seat up and prepare for landing'이라고 말합니다. 다음에 해외 항공사 비행기를 타면, 꼭 들어보세요!

266

이거 인생샷이에요.

SNS를 하는데, 우린 정말 잘 나온 사진을 보고 '인생샷'이란 말을 쓰잖아요. 영어에도 이런 말이 있을지 궁금해요.

'It's my life shoot.(내 인생샷이야.)'

'인생샷'을 그대로 직역했는데, 영어에는 '인생샷'이란 단어가 없어요. 대체할 수 있는 표현을 생각해보세요.

'This is the best photo ever seen.(이건 지금까지 본 것 중에 최고의 사진이에요.)'

이렇게 풀어서 말할 수 있긴 한데, 요즘 외국에서 해시태그(#)와 함께 많이 쓰는 표현이 있습니다.

▶▶ 그래서, 타일러가 준비한 표현은?

266

This is the pic of the day.

*** 해석**　이것이 오늘의 사진이에요.

Check!

* Pic(ture) of the day - 오늘의 사진, 오늘샷

타일러 Tip

오늘 표현에서 'the' 자리에 'my/ your' 등을 써도 되구요. 'pic of the day'는 따로 떼서 쓰기보단, 해시태그를 걸고 쭉 붙여서 쓰고 있습니다. 유명인들의 SNS를 보면 '#picoftheday, #photoftheday'라고 봤을 거예요. 이게 '오늘의 사진', '오늘샷' 이런 느낌인 거죠. SNS를 한다면 꼭 한번 써먹어보세요.

267

미루지 말고, 미리미리 좀 하세요.

방학인 아이들이 노느라 바쁘네요. 저러다 개학할 때쯤 숙제하느라 정신없을 것 같은데, 카리스마 있게 영어로 한마디 해주고 싶어요. "미루지 말고, 미리미리 좀 해!!!"

'You do one at a time.(한 번에 하나씩 해.)'

표현은 맞지만, 오늘 상황에는 좀 안 어울리죠? 문장 그대로 좀 더 충실하게 옮겨보세요.

아, 알 것 같아. 'Don't be a lazy, do it.(게으름 부리지 말고, 그걸 해.)'

하하하, 진짜 혼나는 것 같네요.

▶▶ 그래서, 타일러가 준비한 표현은?

267

Stop procrastinating and get it done ahead of time.

*** 해석** 미루지 말고, 빨리빨리 끝내요.

Check!

* Stop procrastinating - 딴짓 하느라 미루지 마세요
* Get it done ahead of time - 미리 그걸 끝내세요

타일러 Tip

오늘 표현은, 두 문장으로 나눠서 따로따로 쓸 수도 있겠죠? 'procrastinate'라는 어려운 단어가 나왔는데요. '다른 일을 일부러 해서 원래 할 일을 미루다, 질질 끌다' 이런 의미가 있는 단어예요. 외워두면 좋겠죠? 'Stop procrastinating'과 비슷한 표현으로, 'Don't wait until the last minute(마지막 순간까지 기다리지 마세요)'도 쓸 수 있어요.

268

너무 아깝네요.

바로 듣기

친구들과 볼링을 치는데, 항상 핀이 아홉 개만 넘어가더라구요. 물론 그것도 잘했지만, 스트라이크를 칠 수 있었는데, 너무 아깝잖아요. 아깝다는 말, 어떻게 하면 될까요?

'What a waste.(아깝네.)'

'아깝다'는 의미지만, 시간이나 물을 낭비해서 아깝다고 표현할 때 쓸 수 있는 표현이죠. '간신히', '거의 다 됐는데…' 이런 느낌의 아까움이 되어야 해요.

'Too close.(너무 가까워.)'

우와, 진짜 좋은데요!! 반만 고쳐봐요, 반만! 두 단어 중 한 단어가 정답입니다.

▶▶ 그래서, 타일러가 준비한 표현은?

268

So close.

*** 해석** 너무 아까워요.

Check!

* So - 너무
* Close - 가까운, 간신히

타일러 Tip

'close'는 뜻에 따라 단어를 읽을 때의 소리가 달라지기도 하죠. [클로스]라고 하면 '가깝다'란 뜻이고, [클로즈]로 발음하면 '문을 닫다'라는 의미가 됩니다. 기억해두세요!! 그리고 's'와 'z' 발음을 어렵게 생각하는 분들이 많은데요, 쉽게 구분할 수 있는 방법이 있습니다. 's'는 울림이 없고, 'z'는 울림이 있다는 차이예요. 그럼 'z' 소리를 낼 때, 구간이 진동되는 걸 느낄 수 있어야겠죠? 반면, 's'는 똑같은 위치에서 똑같이 발음하지만 울림은 없기 때문에 진동이 없어야 해요.

269

그녀는 남자 친구한테 차였어요.

바로 듣기

친구가 남자 친구에게 차여서 너무 힘들어하는데요. 외국인 친구가 왜 저러냐고 묻길래 말해주고 싶은데… 합의하에 헤어진 거 말고, 일방적으로 차인 걸 어떻게 표현할까요?

먼저 시도해볼게. 'He dumped her.(그는 그녀를 찼어요.)'

'He'가 누군지 설명이 좀 더 필요한 것 같네요.

'Her boyfriend dumped my friend.(그녀의 남자 친구가 내 친구를 찼어요.)'

불필요하게 긴 것 같아요. 그리고 헷갈려요. 누가 차인 건지. 좀 더 간단한 표현이 있습니다.

▶▶ 그래서, 타일러가 준비한 표현은?

269

She was dumped by her boyfriend.

*** 해석**　그녀는 그녀의 남자 친구에게 차였어요.

Check!

* She was dumped - 그녀는 버려졌어요
* By her boyfriend - 그녀의 남자 친구에 의해

타일러 Tip

'dump'는 '버리다'는 뜻이에요.

- Dump ○○/ Break up with ○○. = 차다.
- Got dumped/ Was dumped. = 차였다.

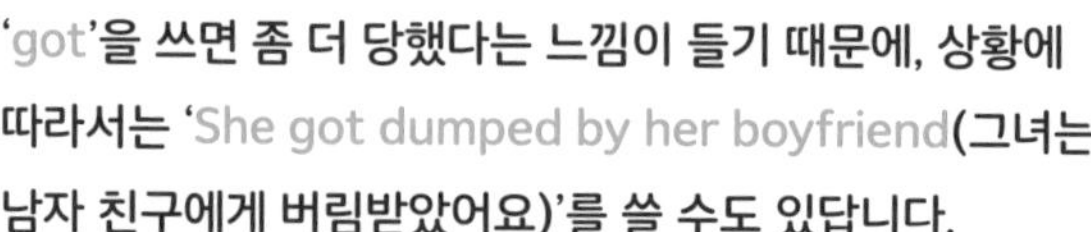

'got'을 쓰면 좀 더 당했다는 느낌이 들기 때문에, 상황에 따라서는 'She got dumped by her boyfriend(그녀는 남자 친구에게 버림받았어요)'를 쓸 수도 있답니다.

270

한 번뿐인 인생이에요.

바로 듣기

신입 직원이 새 차를 샀길래, 부러워서 한마디 했더니 "인생 별거 있나요? 즐기면서 살아야죠"라고 말하는데 그 말이 너무 멋있어서 저는 영어로 말하고 다니려구요. 도와주세요!

'My life is nothing special.(제 삶은 특별한 게 없어요.)' 이건 어때?

'인생 별거 없어'를 문장으로 바꾸려면, 너무 우울하지 않나요?

그럼, 최근에 트렌드로 떠오른 단어가 있잖아. 한번 해볼게. 'YOLO!!'

맞아요. 욜로! 그걸 풀어서 설명해볼까요?

▶▶ 그래서, 타일러가 준비한 표현은?

270

You only live once.

* **해석** 인생은 한 번뿐이에요.

Check!

* You only live - 당신은 오직 삽니다
* Once - 한 번

타일러 Tip

'인생 별거 없어' 이 부분을 영어로 바꾸면 너무 부정적이고 우울하게 들리기 때문에 앞부분은 아예 빼고, '인생은 즐기면서 살아야 한다'는 쪽으로 표현을 바꾸는 게 더 좋아요.
'YOLO'라는 말은 한국에서 꽤 유행했었죠? 근데 미국에서 'YOLO'라는 말을 쓰면, 정말 오래전에 유행했던 걸 다시 꺼내는 것 같아서, 음… 조금 부끄러워요. 때를 놓친 거죠.
하지만 풀어서 말하는 표현은 아직도 많이 쓰고 있어요.
'YOLO' 대신 'You only live once'라고 풀어서 쓰는 게 더 좋다는 거, 잊지 마세요!!

복습하기 256 ~ 270

- 나 오늘 꼭 피자 먹을 거예요.
- 쿠폰 두 장을 동시에 쓸 수 있나요?
- 잘 자요, 좋은 꿈 꿔요.
- 시대를 잘 타고난 것 같아요.
- 수요일에 상담 예약이 잡혀 있어요.
- 코스 요리가 더 남았나요?
- 뒷머리 좀 다듬어주세요!
- 의자 좀 앞으로 당겨주시겠어요?
- 이거 인생샷이에요.
- 미루지 말고, 미리미리 좀 하세요.
- 너무 아깝네요.
- 그녀는 남자 친구한테 차였어요.
- 한 번뿐인 인생이에요.

복습하기

256 ~ 270

- I'm going to eat pizza today no matter what.
- Can I use more than one at a time?
- Good night. Sweet dreams.
- I think I was just born at the right time.
- Your appointment is for Wednesday.
- Are there any more courses left?
- Could you trim it a bit in the back?
- Excuse me, could you put your seat up please?
- This is the pic of the day.
- Stop procrastinating and get it done ahead of time.
- So close.
- She was dumped by her boyfriend.
- You only live once.

271

해도 해도 끝이 없어요.

아이 친구 엄마들과 종종 만나는데, 엄마들끼리 모이면 집안일은 해도 해도 끝이 없다는 말을 가장 많이 하는 것 같아요. 미국 엄마들도 그럴까요? 영어 표현도 궁금하네요.

'There is no end.(끝이 없어요.)'

길 끝에, 끝나는 지점이 없다는 의미 같아요. 직역하려고 하지 말고, 다른 방식으로 생각해보세요.

그렇다면 이 표현은 어떨까? 'It doesn't finish.(그것은 끝나질 않네요.)'

오오오 좋은데, 쪼~금 아쉽네요.

▶▶ 그래서, 타일러가 준비한 표현은?

271

It never ends.

* **해석** 절대 끝이 없네요.

Check!

* It never - 절대 ~하지 않아요
* Ends - 끝

타일러 Tip

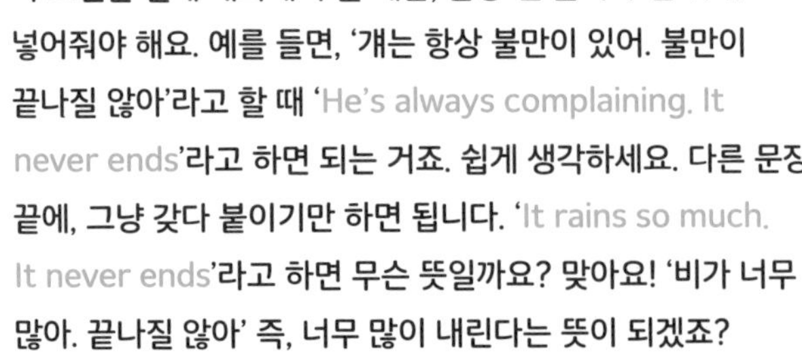

이 표현을 실제 대화에서 쓸 때는, 문장 맨 앞이나 맨 뒤에 넣어줘야 해요. 예를 들면, '걔는 항상 불만이 있어. 불만이 끝나질 않아'라고 할 때 'He's always complaining. It never ends'라고 하면 되는 거죠. 쉽게 생각하세요. 다른 문장 끝에, 그냥 갖다 붙이기만 하면 됩니다. 'It rains so much. It never ends'라고 하면 무슨 뜻일까요? 맞아요! '비가 너무 많아. 끝나질 않아' 즉, 너무 많이 내린다는 뜻이 되겠죠?

272

남의 말에 신경 쓰지 마세요.

바로 듣기

남의 말에 유난히 신경 쓰는 사람이 있잖아요. 저희 팀 외국인 동료가 그래요. 모두에게 좋은 사람일 순 없는데, 너무 신경 쓰지 말라고 충고 한마디 해주고 싶어요.

'Don't care about someone's say.(누군가가 말하는 것에 대해 신경 쓰지 마.)'

음… 구조는 좋은데, 조금 어색해요.

'Don't think too much about someone's say.(누군가의 말에 대해 너무 많이 생각하지 마.)'

조금만 수정하면 좋을 것 같아요. 제가 원하는 동사가 있는데, 모르시겠나요?

▶▶ 그래서, 타일러가 준비한 표현은?

272

Don't worry about what other people say.

* **해석** 다른 사람들의 말에 대해 신경 쓰지 마세요.

Check!

* Don't worry - 걱정하지 마세요, 신경 쓰지 마세요
* About what other people say - 다른 사람들이 말하는 것에 대해

타일러 Tip

가장 기본적인 표현이구요. 문장 중간에 영철 형이 시도했던 'too much'를 끼워 넣는 경우도 굉장히 많아요.

- Don't worry too much about what other people say. = 다른 사람의 말에 너무 신경 쓰지 마세요.

273

다시는 버럭 하지 않을게요.

바로 듣기

제가 좀 다혈질입니다. 그래서 욱할 때가 많은데요. 저 때문에 힘들어하는 주변 사람들에게 다시는 버럭 하지 않겠다고 약속 좀 하고 싶어요.

'I no longer angry any more.(나는 더 이상 화가 나지 않아요.)'

화를 내는 것과 버럭 하는 다혈질은 조금 다르죠?

'I don't do 으악!(나 으악 하지 않을게!)'

버럭 할 때 내는 소리 '으악'을 영어로 표현하면 좋겠지만, 맞는 단어를 찾는 게 더 빠르지 않을까요?^^

▶▶ 그래서, 타일러가 준비한 표현은?

273

I won't flip out again.

* **해석** 다시는 버럭 하지 않을게요.

Check!

* I won't - 나는 ~하지 않을 거예요
* Flip out - 버럭 하다, 정신줄을 놓고 분출하다
* Again - 다시

타일러 Tip

아무래도 오늘 표현은 'flip' 이 단어를 알아두는 게 포인트겠죠? 'flip'은 '홱 뒤집다', '젖히다' 이런 의미지만, 'flip out'이 되면 '버럭 하다', '정신줄을 놓고 분출하다' 이런 의미가 됩니다. 그냥 화를 내는 게 아니라, 순간적으로 버럭 하는 거니까 오늘 표현에서 쓸 수 있는 거죠.

274

고급지게 복습하고, 실천하기!

바로 듣기

고복실 3탄

진미영에서 배운 표현들을, 실생활에서 얼마나 많이 써먹었는지 점검해보는 복습 시간!

* [강동섭] 씨,

연말에 가족 여행으로 사이판을 다녀왔는데요. 스테이크를 먹고 계산서를 봤는데, 금액이 생각보다 많이 나온 겁니다. 세금이 포함된 가격인가 궁금해서, 진미영에서 배운 표현을 매우 자연스럽게 써먹었어요.
"Is tax included?"

⇨ 'Include'는 '포함하다'라는 뜻입니다. 'Is ○○ included?'에서 ○○ 자리에 다양한 단어를 넣어 응용해볼 수 있었죠? 'Is breakfast included?(아침 포함인가요?)' 이런 식으로 말이죠.

* [장미은] 씨,

뭐든 잘 먹는 두 돌 된 저희 아들이, 얼마 전부터는 채소를 안 먹더라구요. 당근과 양파를 넣은 어묵 볶음을 해주면 귀신같이 당근과 양파는 골라내고 어묵만 쏙쏙 집어 먹길래, 한마디 해줬어요. "Don't be a picky eater!"

⇨ 'Picky eater'가 '식성이 까다로운 사람', '편식하는 사람'을 말한다고 했죠. 그래서 'Don't be a picky eater'라고 하면 '편식하지 마! 편식하는 사람이 되지 마' 이런 뜻이었습니다.

* [정경훈] 씨,

오가며 자주 마주치는 외국인 여직원이 있는데요. 좀 더 친해지고 싶고 대화도 나누고 싶은데, 막상 첫 대화를 어떻게 시작해야 할지 몰라 망설이고 있었거든요. 근데 딱!! 그 여직원의 신발 끈이 풀렸더라구요. 그래서 번개같이 외쳤습니다. "Hey, your shoes are untied!" 그랬더니 절 보고 미소 지으며 "땡큐"라고 하는데, 그날 이후로 오고 가며 인사를 나누는 사이가 됐네요. 진미영, 감사해요~

⇨ 'Tie'는 '묶다'라는 뜻이고, 'Untie'라고 하면 '풀다'가 되겠죠. 'Untied(풀리다)'를 써서, 'Your shoes are untied'라고 하면 '신발 끈 풀렸어요'라는 뜻이 됐었습니다.

고복실 퀴즈! 다음 빈칸(삐)에 들어갈 말을 찾아주세요!

화정: 아주머니, 하이~ 여기 이 새콤하고, 달콤한 딸기 케이크를 사려는데 유통 기한이 어떻게 되죠?

영자: 이잉? 유통 기한이 뭐가 필요해유? 지금 그냥 먹으면 되지. 얼른!

화정: 와우~ 저 소식하는 거, 몰라? 다시 한 번 물을게요.
이거… 언제까지 좋은 거예요? How long is this (효과)삐- for?
/ (한 번 더) How long is this (입으로)삐- for?

정답은, [good]이었습니다.
유통 기한이 어떻게 되나요? 즉, 얼마나 오래 좋은 상태인 건가요?
= How long is this [good] for?

275

와서 밥이라도 먹고 가세요.

바로 듣기

회식에 참석을 안 하는 외국인 동료가 있는데, 사람들과 어울리는 걸 싫어하는 것 같지도 않아서, "밥만 먹고 가~" 이러며 부르고 싶은데, 어떻게 말하면 좋을까요?

'You just have to eat.'

당신은 꼭 밥을 먹어야 한다는 의미네요. 오늘 표현은 그런 의미가 아니죠? 회식에 참석 안 해도, 와서 밥이라도 먹고 가라며 붙잡는 의미가 담겨 있어야겠죠?

'You should come we have party.(우리랑 파티하게 와야만 해.)'

앞부분은 좋은데요, 파티보다는 식사를 의미하는 걸로 바꿔보세요.

▶▶ 그래서, 타일러가 준비한 표현은?

275

You should join us for dinner.

*** 해석** 우리랑 저녁 같이해요.

Check!

* You should join us - 우리와 즐겨요
* For dinner - 저녁을

타일러 Tip

'dinner' 자리에 'lunch, drinks' 등등 상황에 맞는 표현을 쓰면 됩니다.
'잠깐 있다 가요'라고 붙잡고 싶을 때도 있잖아요. 사람을 붙잡을 땐, 'Come on, just for a little while'이라고 하면 됩니다. 'Come on'은 부추기는 거예요. 'Just for a little while'은 '짧은 시간 동안이라도'라는 의미가 있구요. 앞에 쓴 'Come on'을 빼고 'Just for a little while'만 해도 된답니다.
누군가에게 뭔가를 빌릴 때도 쓸 수 있어요.

- Oh hey, can I borrow that just for a little while?
  = 아, 그거 잠깐만 빌려도 될까요?

276

혼을 쏙 빼놨어요.

주말에 집들이를 했는데요. 어른 열 명에 아이 네 명을 대접하다 보니 너무 힘들더라구요. 어땠냐고 묻는 외국인 동료에게, 혼을 쏙 빼놨다고 말하고 싶은데 어떻게 하죠?

'I was distracted.(나는 산만했어요.)'

그냥 산만했다는 거죠? 혼을 빼놓은 게 아니라.

'I was almost death.(나는 거의 죽을 뻔했어요.)' 아니면 'I was zone out.(나는 정신이 나갔어요.)'

하하, 첫 번째 문장이 맞는 표현이 되려면 'I was almost dead'로 하면 되구요. 'Zone out'은 멍 때린다는 뜻이에요.

▶▶ 그래서, 타일러가 준비한 표현은?

276

That was so exhausting.

*** 해석** 너무 기진맥진했어요.

Check!

* So - 너무

* Exhausting - 기진맥진하게 만드는, 진을 빼는

타일러 Tip

오늘 표현에서 'that'은 '집들이'를 의미하겠죠. 주어를 바꿔서 내가 너무 기진맥진했다면, 'I'm so exhausted(나는 너무 기진맥진했어요)'라고 해도 됩니다.

'I'm so exhausted'와 'That was so exhausting'의 차이가 뭘까요? 앞의 표현은 내가 피곤하다는 걸 강조하는 것이고, 뒤의 표현은 집들이라는 활동 자체가 피곤하다는 뉘앙스예요. 조금은 다른 의미를 가지고 있죠?

277

너무 짠돌이예요.

모임 때마다 회비도 안 내려고 하고, 쿠폰은 본인이 다 찍으려는 얄미운 친구에게 짠돌이라고 말하고 싶은데, 미국에선 짠돌이를 뭐라고 표현하나요?

'You're so miser.(너는 너무 구두쇠야.)'

맞는 표현이긴 한데, 요즘은 'miser(구두쇠, 인색한)'라는 단어를 잘 안 써요.

'You such a penny-pincher.(너는 구두쇠 같아.)'

'A penny-pincher'는 1페니도 안 쓰려는 구두쇠를 말해요. 좋은 표현이에요.

▸▸ 그래서, 타일러가 준비한 표현은?

277

You're such a Scrooge.

* **해석** 당신은 정말 스쿠루지 같아요.

Check!

* You're such - 당신은 정말
* A Scrooge - 스쿠루지

타일러 Tip

오늘 표현에서 'such'는 강조의 의미로 사용됐어요. '정말, 진짜, 아주' 이런 의미로 해석할 수 있죠.
'penny-pincher'와 'Scrooge'의 차이점을 좀 살펴볼까요?
'penny-pincher'는 10원짜리까지 일일이 다 따지고 신경 쓰는 사람, 즉 돈을 절대 안 쓰는 사람을 말하구요.
'Scrooge'는 다른 사람을 위해서는 절대 돈을 안 쓰는 무정한 사람을 의미합니다. 약간은 차이가 있죠?

278

고맙지만 마음만 받을게요.

바로 듣기

원어민 선생님이 제 생일이라고 선물을 하고 싶다고 하는데, 전 진짜 괜찮거든요. 필요한 것도 없고, 그래서 마음만 받고 싶다고 말하고 싶은데 어떻게 하면 좋을까요?

'Thanks but no thanks.(고맙지만 사양할게요.)'

기분 나쁘게 받아들일 수 있어요. 냉정한 것 같아요. 비꼬아서 고맙다고 말하는 느낌이에요.

'Just take your heart.(그냥 너의 마음을 가져가세요.)'

하하. 이렇게 직역하면, 정말 심장을 꺼내서 가져갈 것 같아요.

▶▶ 그래서, 타일러가 준비한 표현은?

278

Oh, you don't need to get me anything.

* **해석** 오, 어떤 것도 나한테 줄 필요가 없어요.

Check!

* You don't need to get me - 나에게 줄 필요가 없어요
* Anything - 어떤 것도

타일러 Tip

비슷한 의미지만, 조금 길게 표현해볼까요?

- That's nice of you but you really don't need to get me anything. = 당신은 친절하군요. 하지만 정말 나에게 어떤 것도 가져다줄 필요는 없어요.

279

돈독이 올랐네요.

퇴근 후엔 가게를 운영하는데요. 사람들이 돈독이 올랐냐고 묻네요. 제가 원해서 하는 일이니까 신경은 안 쓰지만, 영어로도 '돈독'이라는 걸 표현할 수 있을지 궁금해지네요.

'You're too much focus on money.(너무 돈에 집착해.)'

좋은 시도예요. 'You're too focus on money'라고 하면 좋아요.

'You're greed on money.(돈에 욕심이 많네.)'

'You're greedy about money'라고 하면 맞는 표현이구요. 근데 돈독이 올랐다는 건, 다른 것보다 돈을 더 좋아한다고 생각해도 되지 않을까요?

▶▶ 그래서, 타일러가 준비한 표현은?

279

All you care about is money.

* **해석** 당신이 신경 쓰는 모든 건, 돈뿐이네요.

Check!

* All you care about is - 당신이 관심 가지는 모든 것은
* Money - 돈

'care' 자리에 'think'를 써도 돼요.

- All you think about is money. = 항상 돈 생각만 하네요.

'care'와 'think'는 아주 미세한 차이가 있는데요. 'care'을 쓰면 상대가 돈만 신경 쓰니까 가치관까지 지적하는 의미가 있고, 'think'는 뭘 해도 돈 생각만 한다는 의미로 뉘앙스 차이가 있어요.

280

택배비는 착불입니다.

해외 업체에서 저희 회사 물건을 받아보고 싶다고 하는데, 운송비는 착불이라는 말을 미리 말해주고 싶어요. 어떻게 설명해주면 좋을까요?

'You shouldn't pay in advance.(미리 계산할 필요가 없습니다.)'

이잉? 이렇게 말하면, 무슨 말인지 알 수가 없어요. 헷갈려요.

'When you deliver at home, you should pay.(집에 배달이 될 때, 계산하면 됩니다.)'

오, 좋아요. 중요한 키워드가 나왔는데, 문장 구조를 더 쉽게 바꿔보세요.

▶▶ 그래서, 타일러가 준비한 표현은?

280

You have to pay on delivery.

*** 해석** 배달이 될 때 계산하면 됩니다.

Check!

* You have to pay - 당신은 지불하셔야 합니다
* On delivery - 도착할 때, 배달이 왔을 때

타일러 Tip

가끔 택배를 받아야 하는데 집에 없을 때가 있잖아요. 한국말로는 '부재중'이라고 하죠. 근데 영어로 '부재중'이라는 표현은 따로 없습니다. 그냥 그곳에 없다고 말하면 돼요. 집에 없으면 'I'm not at home', 회사에 없다면 'I'm not at work'라고 하면 되겠죠. 그리고 누군가에게 맡겨달라고 할 때가 있잖아요. '문 앞에 맡겨 달라(놔달라)'고 하려면, 'Please leave it in front of the door'라고 하면 됩니다. 이건 한국말과 비슷해서 쉽죠?

281

완전 낚였어요.

블로그에서 유명한 맛집을 어렵게 찾아갔는데, 사진과 다르게 음식도 부실하고, 시설도 안 좋고 너무 실망했습니다. 이럴 때 우린, 낚였다고 하잖아요. 영어 표현도 있을까요?

음, 이 말은 어떨까? 'I'm eager too much.(나는 열망이 너무 많았어.)'

'I'm too eager'라고 해야겠지만, 안 맞는 표현이에요.

그럼, 두 번째 시도! 'My expectations are higher.(내 기대는 더 높았어.)'

오, 좋아요! 또 중요한 키워드를 집어내셨네요.

▶▶ 그래서, 타일러가 준비한 표현은?

281

That's not what I expected.

*** 해석** 그건 내가 예상했던 게 아니에요.

Check!

* That's not - 그것은 아니에요
* What I expected - 내가 예상(기대)했던 것

타일러 Tip

오늘 표현은 예상한 것과 다르고, 기대했던 것과 달라서 '낚였다'라고 말할 때 쓸 수 있구요. 상대방의 말이나 행동을 믿어버려서 낚였다고 할 때는 'I fell for it(속았다)'을 쓰면 됩니다.

282

황사는 봄의 불청객이에요.

봄을 좋아하는데, 요즘은 황사나 미세먼지 때문에 조금 싫어지려고 합니다. 흔히 황사를 '봄의 불청객'이라고 표현하잖아요. 영어로도 설명할 수 있을까요?

'Yellow sand is bad audience of spring.(황사는 봄의 나쁜 손님이에요.)'

불청객을 표현하고 싶다면, 'Uninvited guest'가 더 좋아요.

'Yellow sand is an uninvited guest.(황사는 초대받지 못한 손님이에요.)'

물론 이렇게 하면 맞는 표현이지만, 너무 시적이니까 불청객이란 말을 쓰지 말고 다르게 표현해볼까요?

▶▶ 그래서, 타일러가 준비한 표현은?

282

Spring is great except for the dust.

* **해석** 봄은 먼지만 빼면 다 좋아요.

Check!

* Spring is great - 봄은 최고예요
* Except for the dust - 먼지를 제외하면

타일러 Tip

보통은 황사를 'yellow sand'가 아닌, 'yellow dust'라고 표현해요. 근데, 동양인이 아니라면 황사가 뭔지 잘 모르니까 일반적으로 'dust'라고 표현해도 돼요. 오늘 표현과 비슷한 의미로, 'Everything about spring is great except for the dust(먼지만 빼면 봄은 모든 것이 좋아요)' 이 문장도 쓸 수 있어요.

283

하늘에 있는 별보다 더 많이 사랑해요.

바로 듣기

5주년 결혼기념일이 돌아오는데요. 연애 때 기분을 떠올리며 남편에게 연애편지 좀 써주려구요. 하늘만큼 땅만큼 사랑한다는 의미의 영어 표현 좀 알려주세요.

이렇게 쓸 수 있지 않을까? 'I love you like sky, like star.(하늘처럼, 별처럼 당신을 사랑해요.)'

직역하려고 하지 말고, 미국에서 쓰는 표현을 생각해봐야 해요.

'I love you so so so many.(나는 당신을 아주 많이 사랑해요.)'

'Many'가 아니라 'Much'를 쓴다면, 아주아주 좋은 표현이에요.

▶▶ 그래서, 타일러가 준비한 표현은?

283

I love you more than there are stars in the sky.

* **해석** 하늘에 있는 별들보다 더 많이 사랑해요.

Check!

* I love you - 당신을 사랑합니다
* More than - 보다 더
* There are stars in the sky - 하늘에 있는 별들

타일러 Tip

사랑 고백을 하거나 프러포즈를 할 때, 영어로 할 수 있는 가장 좋은 표현은 뭘까요? 물론 시적으로 표현하는 것도 좋지만, 가끔은 상대가 느끼하게 받아들일 수가 있어요. 미국인의 정서에 가장 맞는 건 아무래도 말 그대로 전하는 거죠. 'I love you'만 하면 돼요. 대신 'love'에 감정을 입히고, 온 마음을 담아서 최대한 강조하는 게 중요하겠죠?

284

사과 먼저 하셔야죠.

해외여행을 갔다가 가벼운 접촉 사고가 있었어요. 운전자가 사과는 안 하고 대뜸 병원에 가자고 하는데 괘씸하더라구요. 사과 한마디면 되는데, 이럴 땐 뭐라고 말해줘야 할까요?

'It's manner say sorry.(미안하다고 말하는 게 매너입니다.)'

'It's proper manners to say sorry(미안하다는 말을 하는 게 제대로 된 매너입니다)'라고 하면, 잘 혼낸다는 느낌이에요.

그럼 이건 어때? 'You should say sorry first.(미안하다고 먼저 말해야 해요.)'

맞아요. 이 표현도 쓸 수 있어요.

▶▶ 그래서, 타일러가 준비한 표현은?

284

You should apologize first.

* **해석** 먼저 사과부터 하세요.

Check!

* You should apologize - 당신은 사과해야만 합니다
* First - 먼저

타일러 Tip

영철 형이 말한 'say sorry'와 제가 쓴 'apologize'는 약간의 차이가 있죠? 말 그대로 '미안하다고 먼저 말하세요'라고 하면 미안하다는 말을 하겠지만, 'apologize'를 쓰면 좀 더 풍부한 사과를 받을 수가 있어요.
오늘 표현과 비슷하게, 'Aren't you going to apologize? (사과 안 할 거예요?)'도 쓸 수 있어요.

285

(너무 설레서) 일이 손에 안 잡혀요.

바로 듣기

퇴근 후에 소개팅이 잡혔는데, 상대방 사진을 보니까 완전 제 스타일이더라구요. 너무 설레고 기대돼서 일이 손에 안 잡히는 걸, 어떻게 표현하면 되죠?

'I don't pay attention to myself.(제 자신에게 관심을 가질 수 없어요.)'

'Pay attention' 말고, 다른 방향으로 '집중하다'를 떠올려보세요.

'I can't concentrate on my job.(일에 집중할 수가 없어요.)'

좋아요. 문장 구조가 매우 좋아요. 조금만 더 생각해보세요.

▶▶ 그래서, 타일러가 준비한 표현은?

285

I can't focus because I'm so excited.

* **해석** 너무 흥분돼서 집중할 수가 없어요.

Check!

* I can't focus - 나는 집중할 수 없어요
* Because I'm so excited - 왜냐면 너무 설레서

타일러 Tip

'focus' 대신 영철 형이 말한 'concentrate(집중하다)'를 써도 돼요. 또 설레서 집중이 안 될 때도 있지만, 다른 상황일 때는 'because' 뒤에 설명을 넣으면 되겠죠? 예를 한번 들어볼까요?

- I can't focus because I'm worried about (걱정거리).
  = 너무 걱정돼서 집중이 안 돼.
- I can't focus because I'm so tired.
  = 너무 졸려서 집중이 안 돼.

복습하기

271 ~ 285

- 해도 해도 끝이 없어요.
- 남의 말에 신경 쓰지 마세요.
- 다시는 버럭 하지 않을게요.
- 와서 밥이라도 먹고 가세요.
- 혼을 쏙 빼놨어요.
- 너무 짠돌이예요.
- 고맙지만 마음만 받을게요.
- 돈독이 올랐네요.
- 택배비는 착불입니다.
- 완전 낚였어요.
- 황사는 봄의 불청객이에요.
- 하늘에 있는 별보다 더 많이 사랑해요.
- 사과 먼저 하셔야죠.
- (너무 설레서) 일이 손에 안 잡혀요.

복습하기 271 ~ 285

- It never ends.
- Don't worry about what other people say.
- I won't flip out again.
- You should join us for dinner.
- That was so exhausting.
- You're such a Scrooge.
- Oh, you don't need to get me anything.
- All you care about is money.
- You have to pay on delivery.
- That's not what I expected.
- Spring is great except for the dust.
- I love you more than there are stars in the sky.
- You should apologize first.
- I can't focus because I'm so excited.

286

사은품으로 수건을 줍니다.

바로 듣기

마트에 가면 사은품을 주는 상품이 많잖아요. 휴지에 수건이 달려 있는 걸 보고 외국인 손님이 이게 뭐냐고 묻는데, 수건이 사은품이라는 말을 어떻게 설명하면 좋을까요?

'We can get a towel with freebie.(우리는 무료로 수건을 얻을 수 있어요.)'

'The towel is a freebie(타올이 사은품이에요)'라고 말하면 맞는 문장이 되지만, 'Freebie'를 쓰려면 무엇을 사야 수건을 준다는 건지 설명이 더 필요해요.

'Free gift is towel.(무료 선물이 수건이야.)'

이것 역시 수건이 무조건 공짜가 아니라 휴지를 사야 주는 거니까 조건이 필요하죠?

▶▶ 그래서, 타일러가 준비한 표현은?

286

They're giving away towels.

*** 해석** 그들은 수건을 사은품으로 주고 있어요.

Check!

* They're giving away - 그들은 사은품으로 줘요

* Towels - 수건을

타일러 Tip

좀 더 정확한 문장이 되려면 'They're giving away towels if you buy tissue'가 되겠죠. 사은품을 명사로는, 'giveaway, freebie, free stuff'라고 합니다. 보통 영어에서 쓸 때는 '그거 어디서 났어?', '응, giveaway야' 이런 식으로 말을 하구요.

'OO을 사면, △△도 드립니다!'를 표현하고 싶을 땐 어떻게 말하면 좋을까요?

- Buy OO and get △△.
- Buy OO and get △△ for free.
- Buy OO and get an extra △△.

287

입을 옷이 없어요.

계절 바뀔 때마다 느끼는 건데, 어쩜 입을 옷이 그렇게 없을까요? 진짜 옷이 없어서 벗고 다니는 건 아니지만 입을 옷이 없다는 거, 외국인들도 알까요?

'There's nothing to wear.(입을 게 없어요.)'

오, 좋아요. 근데 거기(There)가 어디에요?

'Nothing to wear in my closet.(내 옷장에 옷이 없어요.)'

좋아요. 근데 처음에 시도한 문장과 합치면 더 좋은 문장이 될 뻔했어요. 'There's nothing to wear in my closet'이라고 하면 되는데, 더 짧은 표현이 있습니다.

▶▶ 그래서, 타일러가 준비한 표현은?

287

I have nothing to wear.

*** 해석** 입을 게 아무것도 없어요.

Check!

* I have nothing - 나는 아무것도 없어요
* To wear - 입기 위한

타일러 Tip

비슷한 표현으로, 'I don't have anything to wear(나는 입을 게 어떤 것도 없어요)'도 쓸 수 있으니 알아두세요!

288

얼굴에 다 쓰여 있어요.

아내는 거짓말을 못합니다. 거짓말을 하면 얼굴에 다 표시가 나요. 그걸로 놀리기도 하는데, 외국인도 얼굴에 쓰여 있다는 말의 의미를 알까요?

이렇게 해볼게. 'Your face says it all.(당신의 얼굴이 모든 걸 말해요.)'

쓸 수 있는 표현이에요. 하지만 오늘 표현은, 영어에서도 똑같이 직역을 해서 표현하니 다시 한 번 시도해보세요.

'Your face writes it all.(얼굴에 모두 쓰여 있네요.)'

가까워지고 있어요. 근데 얼굴이 쓰는 게 아니라 얼굴에 쓰여진 걸 표현해야죠?

▶▶ 그래서, 타일러가 준비한 표현은?

288

It's written all over your face.

* **해석** 당신 얼굴에 그렇게 쓰여 있어요.

Check!

* It's written - 적혀 있네요
* All over your face - 당신의 얼굴 전부에

타일러 Tip

한국에서 '얼굴에 다 쓰여 있네'라고 하는 표현을 미국에서도 그대로 씁니다. 아마도 오래전에 누군가가 번역을 하는 과정에서 그대로 직역하면서 알려지지 않았을까 싶어요. 그리고 요즘은 'It's written all over your face'라는 표현을 줄여서 쓰기도 해요. 'written'만 빼고 'It's all over your face'라고 하면 똑같은 의미라, 조금 더 짧은 문장이 되는 거죠.

289

거기 가면 짝퉁 시계를 살 수 있어요.

바로 듣기

홍콩 여행을 간다는 외국인 동료에게, 유명 관광지를 알려주다가 짝퉁 시계도 살 수 있다는 말을 설명해주고 싶었어요. 어떤 단어를 써야 할지 난감하더라구요.

'If you go there, you can buy a fake.(그곳에 가면, 가짜를 살 수 있어요.)'

문장 구조는 좋아요. 근데 짝퉁, 모조품을 뜻하는 단어가 따로 있어요.

'You can buy an imitation.'

'imitation'도 어떤 말인지는 이해가 가는데, 자주 쓰는 말은 아니에요.

▶▶ 그래서, 타일러가 준비한 표현은?

289

You can buy knock-offs there.

* **해석** 거기서 가짜 명품을 살 수 있어요.

Check!

* You can buy - 살 수 있어요
* Knock-offs - 가짜 명품, 모조품, 짝퉁 명품
* There - 거기서

타일러 Tip

오늘 표현에선 'knock-off'를 알아두는 게 가장 중요하겠죠? 복제품, 가짜 명품이란 뜻이에요. 영철 형이 말한 'fake'나 'imitation'을 쓰고 싶으면, 뒤에 조금 더 설명이 들어가야 해요. 예를 들면 'a fake 구찌, a fake 샤넬, a fake bag' 이런 식으로 구체적으로 말을 해줘야 합니다.

290

감 떨어졌네요.

요즘 뒤늦게 아재 개그에 빠졌는데요. 이런 제가 유치했는지, 친구가 감 떨어졌다고 한마디 하더라구요. 근데 감 떨어졌다는 말이, 영어에도 있을까요?

'You're so lame.(당신은 정말 변변찮네요.)'

상대방(You)이 감 떨어진 게 아니라, 농담이 감 떨어진 거니까 'That'을 쓰는 게 더 좋겠죠? 사람에게 'Lame'을 쓰면 너무 무례해 보여요.

'That's so out of date.(그건 너무 구식이에요.)'

좋아요. 근데 'Out of date'라면, 그 아재 개그가 탄생한 때부터 지금까지 많은 시간이 지났다는 거잖아요. 그냥 예스럽다는 느낌이 있어야 합니다.

▶▶ 그래서, 타일러가 준비한 표현은?

290

That's so old.

*** 해석** 너무 예스럽네요.

Check!

* So old - 너무 예스러운

타일러 Tip

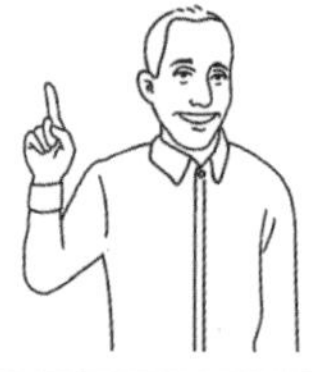

여기서 말한 'that'은 상대방이 아니라 상대방이 말한 개그나 농담을 말합니다. 'old' 대신에 그 시절을 표현해도 되는데요. 예를 들면, 'That's so 1999(너무 1999년스럽다)' 이렇게 말해도 되겠죠?
참고로, 미국에선 아재 개그라는 말이 없습니다. 그냥 오래된 개그면, 'old joke'라고 하면 돼요. 쉽죠?

291

저절로 눈이 떠졌어요.

평소라면 늦잠을 잘 아들이 일찍 일어났길래 웬일이냐고 했더니, 눈이 저절로 떠졌다고 하더라구요. 둘 다 진미영 팬이라 이 표현 타일러한테 물어보자고 외쳤습니다.

'I wake up by myself.(저 스스로 일어났어요.)' 이렇게 하면 어떨까?

좋아요. 좋은 표현이에요. 근데 더 재밌는 표현이 있습니다.

'My eyes are opened.(내 눈이 떠졌어요.)'

음… 처음 시도한 게 더 나았어요, 형!

▶▶ 그래서, 타일러가 준비한 표현은?

291

My body clock just wakes me up early.

* **해석** 내 생체 시계가 일찍 나를 깨웠어요.

Check!

* My body clock - 나의 생체 시계가
* Just wakes me up - 그냥 나를 깨웠어요
* Early - 일찍

타일러 Tip

'body clock' 대신, 'biological clock'이라는 말도 있어요. 약간의 차이는 있지만, 둘 다 같은 개념이라고 생각하면 돼요. 몸속에 시계가 있고, 그 시계 덕분에 우리가 저절로 눈이 떠져 일어날 수 있고, 또 어느 나이 때가 되면 아이를 가지고 싶을 때도 있잖아요. 'body clock'은 시간에 대한 감각을 말하는 거죠. 반면 'biological clock'은 좀 더 긴 시간의 개념으로, '나이'나 '세대'를 말하는 거죠. 늙어서 힘들다, 이제 성인이라 아이를 갖고 싶다 등등 생물학적인 패턴으로서 시간에 대한 얘기를 할 때 쓸 수 있어요.

머리 좀 정리하세요.

바로 듣기

외국인 관광객이 사진 좀 찍어달라고 하는데, 보니까 머리가 산발이더라구요. 머리 좀 정리하라고 말해줘야 하는데, 보디랭귀지로만 설명했네요.

진미영에서 배운 단어가 있죠. 'Trim(다듬다)'을 써서 'You should trim your hair.(머리를 다듬어야 해요.)'

그럼 얼른 미용실에 갔다 올 것 같은데요?

'You should neat your hair.(머리를 정돈하세요.)'

'You should neaten your hair'이라고 해야 맞는 표현이에요.

▶▶ 그래서, 타일러가 준비한 표현은?

292

Fix your hair.

*** 해석** 머리카락을 정리하세요.

Check!

* Fix - 정리하세요, 고정하세요

* Your hair - 당신의 머리카락

타일러 Tip

여러 가지 방향으로 응용할 수 있어요.

- Fix your clothes. = 옷 좀 정리하세요.
- Fix your shoes. = 신발 끈 좀 정리하세요.

'영철 형! Fix your face! HAHAHA~' 이 표현은 농담으로 한 거니까, 따라 하면 안 돼요!!^^

293

인수인계를 받는 중입니다.

외국계 회사로 옮긴 지 얼마 안 돼서, 인수인계를 받고 있는데요. 자꾸 저를 보채는 부장님에게 아직 인수인계 중이라는 말을 해주고 싶어요.

'I'm taking former.(예전 것을 가져오고 있어요.)'

음… 안 돼요, 이 표현은. 다시 시도해보세요. 인수인계를 받는 건, 배우는 거잖아요?

'I'm rehearsal? warming up? practice? coach?'

방향은 좋은데, 아직 중요한 그 단어가 안 나왔어요.

▶▶ 그래서, 타일러가 준비한 표현은?

293

I'm in training.

*** 해석** 나는 훈련을 받고 있는 중입니다.

Check!

* In training - 연습 중인

타일러 Tip

오늘 표현은 '인수인계'라는 어려운 단어를 생각할 필요가 없었어요. 트레이닝 한마디면 다 됩니다. 그럼 반대로 '누구누구에게 인수인계를 해주는 중입니다' 이걸 바꿔볼까요?

- I'm doing the training for 누구누구./ I'm training the 누구누구.

둘 다 쓸 수 있으니 기억해두세요.

294

앞으로 우리 친하게 지내요.

중학생이 됐는데, 제가 좀 내성적이라 아직 친구가 없어요. 용기 내서 친구들에게 친하게 지내자고 하고 싶은데, 영어로 말하면 더 깜짝 놀라지 않을까요?

'Let's get along.(잘 지내자.)' 아니면, 'You should get along together.(너도 함께 잘 지내야 해.)'

앞에 시도한 표현이 좀 더 나아요. 근데… 뭔가 좀 이상하지 않나요?

'Let's be friends.(우리 친구가 되도록 하자.)'

문법적으로는 맞는데, 이렇게 말하면 미국인들은 이상하게 생각할 거예요. 완전 애기들만 쓰는 표현이에요.

▶▶ 그래서, 타일러가 준비한 표현은?

294

없음

타일러 Tip

'우리 친하게 지내자' 이런 말은 영어에 없어요. 절대 이렇게 말하지 않아요. 너무 이상하게 보여요. 친해지고 싶다면, 상대방의 행동이나 스케줄에 관심을 가지고 어떤 제안을 하거나, 질문을 해보는 게 더 중요하겠죠?
친해지고 싶은 친구에게 쓸 수 있는 표현들, 예를 좀 들어볼까요?

- What are you doing after work today? = 오늘 일 끝나고 뭐해?
- What are you doing this weekend? = 이번 주말에 뭐할 거야?
- Do you want to drink after work? = 일 끝나고 한잔하고 싶니?
- Let's play soccer with me this weekend! = 이번 주말에 나랑 축구 하자!

295

상다리 부러지게 먹었어요.

상다리 부러지게 차려먹고 나면, 어딘가 자랑하고 싶잖아요. 외국인 친구에게도 엄청 먹었다는 거 자랑하고 싶을 땐, 어떻게 말하죠?

'There was so much food on the table.(탁자 위에 음식이 엄청 많았어요.)'

어떻게 보면 직역을 한 거죠. 테이블이 중요한 게 아니라 엄청 먹었다는 느낌이 되어야 합니다.

'I ate a lot of food.(나는 음식을 많이 먹었어요.)'

좋아요! 진짜 좋아요. 이 표현과 매우 비슷한 표현을 알려드릴게요.

▶▶ 그래서, 타일러가 준비한 표현은?

295

I ate a ton.

*** 해석** 나는 많이 먹었어요.

Check!

* I ate - 나는 먹었어요

* A ton - 1톤만큼, 엄청

타일러 Tip

비슷한 표현으로 'I ate so much for dinner(난 저녁을 엄청 먹었어)'가 있어요.
반대로 대충 차려먹었다고 말할 때는, 'I don't really eat dinner/ I don't really eat much for dinner'라고 하면 되니까, 기억해두세요.

296

간발의 차이로 이겼어요.

바로 듣기

저희 딸이 반장 선거에 나가 반장이 됐는데요. 딸 친구 엄마들이 축하한다고 하는데, 쑥스럽기도 해서 간발의 차이로 겨우 이겼다고 말해줬어요. 영어 표현도 궁금하네요.

'My daughter won the game so close.(딸이 아주 아깝게 이겼어요.)'

뭔가 느낌적으로는 이기지 못한 것 같아요.

'My daughter won barely.(우리 딸이 간신히 이겼어요.)'

음… 뭔가 부자연스러워요. 어순상 'My daughter barely won'이라고 하면 되지만, 그렇게 말하는 사람은 없어요. 단어 조합이 좀 어색해요.

▸▸ 그래서, 타일러가 준비한 표현은?

296

She won by a hair.

* **해석** 그녀는 근소한 차이로 이겼어요.

Check!

* She won - 그녀는 이겼어요
* By a hair - 근소하게, 아슬아슬하게

타일러 Tip

오늘 표현도 여러 가지로 응용이 가능하겠죠? 올림픽 때, 쇼트트랙 경기에서 '그 선수가 간발의 차이로 졌어요'를 다음과 같이 표현할 수 있답니다.

- He lost by a hair.

'간발의 차'에서 간발(間髮)은 사이 '간'과 터럭 '발'을 써서 '터럭 하나 차이'라는 뜻이라고 하더라구요. '터럭'은 사람이나 짐승의 길고 굵은 털이라고 하니, 영어와 한국어 표현이 비슷하다고 할 수 있겠네요.

297

내가 화장한 세월이 얼만데요.

출근길, 흔들리는 버스 안에서 화장을 했더니, 외국인 동료가 깜짝 놀라더라구요. "내가 구력이 얼만데~" 이렇게 자랑하고 싶었는데, 영어로 바꿔주세요.

'Do you know how much I work in this field?(내가 이 분야에서 얼마나 많이 일했는지 아니?)'

화장에 대해 얘기해야 하는데, 화장이란 말은 어디로 갔죠?

'How many years I had make up?(내가 얼마나 화장을 했게?)'

좋아졌어요. 근데 미국 사람들은 좀 과장해서 말하는 게 있잖아요. 허세도 있고. 지금 딱! 그 어법을 쓰면 좋아요.

▶▶ 그래서, 타일러가 준비한 표현은?

297

I've only been doing makeup for forever.

*** 해석** 난 화장을 평생 했을 뿐이에요.

Check!

* I've only been makeup - 나는 화장을 해왔어요

* For forever - 평생

타일러 Tip

오늘 표현에서 'forever' 자리에 구체적인 기간을 넣어도 돼요. 'my whole life, 15years' 등등 여러 가지 표현을 쓸 수 있구요. 또 'makeup' 자리에 오랫동안 해온 걸 넣으면 돼요. 영철 형은 'comedy'를 넣으면 되겠죠. 그리고 좀 더 미국식으로 표현하고 싶으면, 'for forever' 사이에 'like'를 넣으면 매우 자연스러워요. 한번 시도해볼까요?

- I've only been doing comedy for like forever.

298

벼락치기로 시험공부 했어요.

바로 듣기

아이들 중간고사 기간이 돌아와서 공부하라고 잔소리를 하는데요. 생각해보면 저도 학교 다닐 때, 벼락치기 엄청 했거든요. 뜬금없이 벼락치기라는 표현이 궁금하네요.

'I crammed.(나 벼락치기 했어.)'

'Crammed'를 쓴 건 아주 좋았어요. 근데, 목적어가 나와야 해요.

'I crammed for it.(난 그걸 위해 벼락치기 했어요.)'

'It'이 뭐죠? 그것만 바꾸면 돼요. 다 왔어요.

▶▶ 그래서, 타일러가 준비한 표현은?

298

I crammed for a test.

* **해석** 벼락치기로 시험공부 했어요.

Check!

* I crammed - 벼락치기 했어요
* For a test - 시험을 위해

타일러 Tip

'test' 자리에 어떤 단어를 넣어도 상관없겠죠. 'final Exam, quiz' 등등 다 됩니다. 'cram'은 '쑤셔 넣다'라는 뜻을 가진 단어예요. 그래서 'Cram in the bus'라고 하면 '버스에 쑤셔 넣다' 이런 표현도 될 수 있으니 알아두세요.

299

거기서 거기예요.

외국인 친구가 갈비가 먹고 싶다는데, 미국에서 알아본 식당이 저희가 있는 곳에서 꽤 멀더라구요. 갈비 맛이 거기서 거기니까, 아무 데나 가자고 말하고 싶었어요.

'There is no difference.(차이가 없어.)'

좋은 표현인데, 오늘 상황에선 맞지 않아요. 몇 가지 비교 대상이 주어지고, 그것들이 차이가 없다는 뜻이 되어야겠죠? 오늘 상황은 여기나 거기나 다 똑같다는 의미가 되어야 합니다.

'There is all same the restaurant.(식당들이 모두 같아요.)'

첫 번째 시도가 좀 더 나았어요. 식당에 대해 말하는 게 아니라, 갈비 맛이 어디에 가도 같다는 얘기를 해야 하지 않을까요?

▶▶ 그래서, 타일러가 준비한 표현은?

299

It's pretty much the same anywhere you go.

*** 해석** 당신이 어딜 가든 거의 똑같아요.

Check!

* It's pretty much the same - 거의 똑같아요
* Anywhere you go - 당신이 어디에 가든지

타일러 Tip

오늘 표현에서 'it'은 무엇을 말할까요? 레스토랑을 생각하기 쉬운데, 'it'은 갈비(음식)를 말하는 겁니다. 식당이 거의 같다는 게 아니라, 갈비(음식)맛이 거의 같다는 거죠. 그래서 'it'을 갈비로 바꿔서 표현해도 돼요.
- 갈비 is pretty much the same anywhere you go.

300

파도가 높으니 주의하세요.

바로 듣기

제주도 여행을 갔는데, 파도가 너무 높은 날이었거든요. 방파제에서 사진을 찍고 있는 외국인에게 조심하라는 말을 해주고 싶었어요.

'Be careful too much high wave.(높은 파도를 많이 조심하세요.)'

'High' 말고 다른 형용사를 생각해보세요. 파도가 높다는 건, 어떤 거죠?

'Be careful too much bigger the wave.(파도가 더 크게 치지 않도록 조심하세요.)'

'Big'을 생각한 건 좋았는데, 왜 'Bigger'가 됐을까요?

▶▶ 그래서, 타일러가 준비한 표현은?

300

Be careful the waves are really big.

* **해석** 파도가 정말 크니까 조심하세요.

Check!

* Be careful - 주의하세요
* The waves are really big - 파도가 진짜 커요

타일러 Tip

한국에선 파도가 '높다'라고 표현하지만(간혹 '큰 파도'라고 하기도 하지만) 영어에서는 'big'으로 표현해요.
파도에 대해 표현하는 방법이 정말 다른 게, 한국은 '밀물'과 '썰물'이라고 하잖아요. '밀물'은 일정한 시각에 밀려 들어오는 바닷물을 말하고, '썰물'은 밀물과는 반대로 일정한 시각에 빠져나가는 바닷물을 말하잖아요. 근데 영어로 밀물은 'high tide'라고 하고, 썰물은 'low tide'라고 해요. 높이의 차이로 밀물과 썰물을 구분하는 거죠. 역시 사고가 다르면 말의 표현도 다르니, 서로의 문화를 배워가면서 언어를 공부하는 게 맞겠죠?

복습하기 286 ~ 300

- 사은품으로 수건을 줍니다.
- 입을 옷이 없어요.
- 얼굴에 다 쓰여 있어요.
- 거기 가면 짝퉁 시계를 살 수 있어요.
- 감 떨어졌네요.
- 저절로 눈이 떠졌어요.
- 머리 좀 정리하세요.
- 인수인계를 받는 중입니다.
- 상다리 부러지게 먹었어요.
- 간발의 차이로 이겼어요.
- 내가 화장한 세월이 얼만데요.
- 벼락치기로 시험공부 했어요.
- 거기서 거기예요.
- 파도가 높으니 주의하세요.

복습하기

286 ~ 300

- They're giving away towels.
- I have nothing to wear.
- It's written all over your face.
- You can buy knock-offs there.
- That's so old.
- My body clock just wakes me up early.
- Fix your hair.
- I'm in training.
- I ate a ton.
- She won by a hair.
- I've only been doing makeup for forever.
- I crammed for a test.
- It's pretty much the same anywhere you go.
- Be careful the waves are really big.

하루 5분 국민 영어과외
김영철·타일러의 진짜 미국식 영어 2

초판 1쇄 발행 2018년 5월 24일 **초판 17쇄 발행** 2024년 7월 1일

지은이 김영철, 타일러 **자료정리** 김수연
펴낸이 최순영

출판2 본부장 박태근
W&G 팀장 류혜정
디자인·일러스트 this-cover.com

펴낸곳 ㈜위즈덤하우스 **출판등록** 2000년 5월 23일 제13-1071호
주소 서울특별시 마포구 양화로 19 합정오피스빌딩 17층
전화 02) 2179-5600 **홈페이지** www.wisdomhouse.co.kr

ISBN 979-11-6220-412-2 13740